찬양대를 위한 예배 메시지

찬양대를 위한 예배 메시지

조 성 환 지음

예솔

추천사

찬양의 기름부음과 그로 인한 예배의 역동성이 없다면, 교회의 다른 모든 사역에서도 생명력을 찾기 어려울 것입니다. 조성환 목사님은 남가주 사랑의교회 예배음악 사역을 총책임지고 계신 목사님으로서 매우 귀하게 사용 받고 계십니다. 매 주 찬양과 다양한 음악 사역으로 인해 모든 교회가 은혜의 도가니 속으로 들어갑니다. 남가주 사랑의교회를 섬기던 당시 전체 예배를 책임지고 인도해야 했던 저에게는 더욱 큰 힘이 되었으며 감사와 감격을 누리는 귀한 시간이었습니다. 찬양대원들이나 오케스트라 멤버들에게 매 주 연습이 시작되기 전, 조 목사님의 5분 메시지를 통해 큰 은혜와 도전을 받게 된다는 이야기를 종종 들었습니다. 예배를 섬기는 자들로서 꼭 갖추어야 하는 마음 자세가 늘 그 5분 메시지를 통해 다듬어 진다고 말입니다. 조 목사님의 깊은 영성과 주님을 향한 뜨거운 사랑이 담겨져 있는 "5분 사역"의 글들은 찬양과 음악으로 섬기시는 모든 분들에게 귀한 선물이 될 것입니다.

할렐루야교회 담임목사 **김승욱**

머리말

　초등학교를 다닐 때부터 중학교 3학년이 되기까지 '선명회 어린이합창단' 단원으로 활동했던 나는 나와 동급생이던 남자 아이들이 다 까까머리를 하고 다닐 때 국위선양을 한다는 이유로 머리를 기른 채로 학교를 다니곤 했다. 불교 집안에서 자라던 나는 합창단 활동을 통해 처음으로 복음에 대해 알게 되었고 그때부터 교회에 다니기 시작했다. 또한 대학 생활을 함께한 예수전도단을 통해 비로소 구원이 무엇인지 알게 되었고, 뿐만 아니라 그 당시 70년대 말 한국에 소개되기 시작하던 "경배와 찬양의 물결" 속에 예배와 찬양에 대해 눈을 뜨고 관심을 갖기 시작했다.
　1986년에 LA의 UCLA(University of California, Los Angeles)로 유학을 떠나 20년이 넘도록 이민자로 살아오며 이제는 Hope International University의 음대 과장으로 그리고 남가주 사랑의 교회 음악목사로 섬기고 있다. 지난 삶의 여정 가운데 늘 함께하셨던 하나님과 그분께 예배드릴 수 있었던 감사한 기억들을 엮은 이 작은 책을 사랑하는 주님과 성도들에게 드리고자 한다.

음악을 전공하고 목사가 된 지금, 지금까지 해오던 사역들을 기억해보면 항상 가는 곳마다 찬양대가 수적으로 부흥할 수 있도록 도와주신 하나님의 은혜가 있었다. 어떤 때는 예배에 참석하는 전체 400여 명의 성도 중에 120명이나 되는 찬양대를 섬겨 본 적도 있었다. 섬겨왔던 교회의 담임목사님과 찬양대원들이 찬양대에서 나와 함께 주님을 섬기는 것이 참 재미있고 보람된다고 칭찬을 하곤 했지만 언제인가부터 나는 막다른 골목에 다다른 나의 사역을 발견하기 시작했다. 수적인 부흥은 매번 경험해 왔지만 우리가 함께 더 나아가야만 하는 그 다음 단계는 과연 무엇인가 하는 절박한 질문이었다. 이러한 고민의 시간을 통해서 하나님께서 원하시는 새로운 (아니 어쩌면 새로운 것이 아닌 하나님의 의도였는데 뒤늦게 깨달았다는 것이 맞으리라) 사역의 방향으로 나아가야 함을 깨닫게 되었다.

그것은 바로 이제까지 우리에게 익숙한 찬양대의 표면적인 역할에만 집중하던 것에서 벗어나 찬양대가 진정으로 감당해야할 역할인 바로 예배의 중보자로 서야 한다는 것이다. 다른 말로 하면 담임목사님과 함께 동역하는 영적 전쟁의 전투병으로 강하게 서는 것이다.

왜 기왕이면 우리 집근처의 교회를 나가지 않고 구태여 지금 우리 각자가 섬기는 교회로 나가는가? 그 교회의 담임목사님을 통해 이루시려는 하나님의 특별한 의도가 내 심령에 동의되기 때문이다. 그렇다면 나는 음악목사로서 또 찬양대원으로서 담임목사님을 도움으로 하나님의 뜻을 순종하고 이뤄가는 자가 되어야 한다. 아멘.

찬양대가 주일날 드리는 찬양과 입례송, 기도송, 축도송에만 목숨 걸던 시대는 빠르게 지나고 있다. 많은 이들이 찬양대를 이렇게 보고 있는 것을 알고 있는가?

- 능력 있는 백수들의 집단
- 손에 물대기 싫어하는 여자들이 가는 곳
- 문제가 주로 발생하는 곳(사단이 하늘에서 떨어져 찬양대 석에 떨어졌다고 하는 이들도 있다)
- 교회의 주역들이 안식하기 제일 좋은 곳
- 고리타분한 연주뿐 아니라 자기들끼리 자화자찬까지
- 교회 재정에 부담만 주는 단체

찬양대를 바라보는 이러한 곱지 않은 시선은 최근 많은 미국교회들이 찬양대를 없애는 결과로 이어지고 있다. 실제로 나는 매년 교회음악 컨퍼런스에 참석하는데, 많은 음악목사들이 전통음악만 고집하다가 교회에서 밀려나는 것을 많이 볼 수 있었다. 이것은 이미 현실이다. 한국교회에서도 아마 이런 움직임이 있지 않을까 생각한다. 그 결정적인 이유로 나는 찬양대를 없애겠다고 결정을 한 사람들이 이제까지 단 한 번도 생명력이 있는 찬양대의 사역을 경험해 보지 못했으며 찬양대의 존재가 교회의 영적인 성장에 별로 도움이 되지 못한다고 느꼈기 때문이라 생각한다.

나는 지금도 그때를 기억한다. 남가주 사랑의 교회에 오기로 했던 2대 목사님이 갑자기 못 오게 되어 현재의 김승욱 담임목사님이 오기 전까지 일 년이 넘도록 목자 없는 양처럼 어려운 시기를 지날 때, 성도들에게 안정을 불러일으키자는 의도에서 찬양대는 주일 예배 찬양을 모두 외워서 부르기 시작했다. 정말 그때의 그 결정이 성도들에게 얼마나 힘이 되었던지 많은 분들이 이구동성으로 말씀해 주셨다.

찬양하는 사람은 자기가 경험한 만큼만 진정으로 찬양할 수 있다는 말을 이해하고 있는가? 그 말의 뜻을 고민하던 때부터 내 마음 속에 자리 잡던 생각이 하나 있었다.

"교회는 하나님을 아는 만큼만 예배하고 찬양할 수 있다."

그렇다, 정말 하나님을 아는 만큼만 찬양할 수 있고 예배할 수 있는 것이 사실이다. 내가 예배하는 교회당 안에 함께 앉아 있다고 같은 예배와 찬양이 아닌 것처럼 말이다. 그래서 교회 찬양대가 음악적으로 좋은 연주를 위해 노력하는 것은 당연하겠지만 찬양대의 영적인 무장은 그 이상으로 중요한 것이다. 그래서 나는 주일날 찬양대를 섬기면서 하는 사역 중에 가장 중요한 부분을 바로 예배 들어가기 마지막 5분이라고 생각한다. 그 시간이 모든 음악적인 준비를 (여전히 부족하지만) 마치고 찬양대원들로 하여금 그들의 의무와 책임을 기억시키면서 믿음으로 예배하게 하고 강력한 중보자들로 서도록 하는 그런 시간이 되기를 원한다.

이제 그 사역을 해 오면서 쌓아온 노하우를 여러분들과 나누고자 한다. 그리 어렵지도 특별하지도 않을지 모르지만 오랜 시간을 지내오며 알게 된 것들을 정리했다. 앞으로 출간할 『부흥하는 21세기 찬양대 사역의 실제』(가제)라는 책을 내기 전에 찬양대를 섬기면서 구체적으로 '예배의 중보자'들로 세우기 위한 자료로 활용한다면 도움이 되리라 생각한다. 이 책이 나오도록 동기부여를 해 주신 이선종 집사님과 출판사 김재선 사장님께 감사드린다.

지휘자님들과 찬양대원들이여, 이런 상상을 해볼 수 있겠는가? 여러분들이 섬기는 찬양대와 찬양팀이 이 세상에서 가장 큰 불같은 사랑으로 하나님을 예배하되 이번 주가 마지막일 수도 있다는 생각으로 드리는 그런 영광스러운 예배 말이다. 그래서 나는 개인적으로 가장 위대한 믿음의 기도는 온 맘과 온 힘으로 하나님을 사랑하는 은혜를 구하는 것이라고 믿는다. 이런 은혜가 이 책을 읽는 모든 독자들과 함께 하기를 기도한다.

21세기의 건강한 찬양대

대학에서 음악을 전공하고 있었던 나는 음대생들이 흔히 그러한 것처럼 용돈 조달을 위해 교회에서 독창자로 그리고 지휘자로 아르바이트를 하기 시작했다. 정말 하나님에 대해서 그리고 성경에 대해서 무지했기 때문에 "아르바이트"를 할 수 있었지 않나 싶다. 그러나 주님을 만나고 또 예수전도단을 만나게 되면서 당시 한국에 새롭게 밀려들기 시작한 경배와 찬양의 물결 속에서 예수전도단에서 찬양을 인도하기 시작했다. 때로는 수업도 제치고 타 도시에 까지 내려가 찬양을 인도하며 성악전공자로서 그것이 하나님을 향한 헌신이라고 생각했다. 대학 졸업이 가까와지면서 풀타임 찬양 사역자로 나갈 것인가 아니면 음악을 더 공부하여 전문 연주자나 교수가 될 것인가를 놓고 고민하다가 하나님의 인도하심이라고 믿고 미국 유학을 떠나게 되었고 공부를 거의 마칠 무렵에 지금 봉직하고 있는 Hope International University에 교수로 가게 되었다.

이 대학에 오면서 하나님께서 왜 나를 대학 시절 성악 전공을 하면서 예수전도단의 찬양 인도자로 경배와 찬양을 경험하게 하셨는지를 알게 되었다. 이 대학은 백인이 거의 전부고 아주 극소수의 학생들만이 유색인종인 학교였는데 전통 음악과 경배와 찬양을 겸하여 가르치는 대학이었기 때문에 내가 미국에서 공부한 음악 학위 과정의 전통 음악만의 배

경으로는 이 대학에서 제대로 교수로서 역할을 감당할 수 없었다. 또 이런 경험들이 현재 섬기고 있는 남가주 사랑의 교회의 음악 목회자로서의 책임을 감당할 수 있도록 해준 것이었다.

아직도 이 책을 접하는 독자들 중에 전통 음악이 진정한 교회 음악이냐 아니면 경배와 찬양이 진정한 교회 음악이냐를 놓고 고민하고 논쟁하는 분들이 계실 수 있을 것이다. 결론부터 얘기하자면 두 가지 다 좋은 것이라고 말하고 싶다. 다만 교회들이 이 두가지의 재료들을 어떻게 사용하느냐에 따라 좋은 열매를 맺든지 아니면 교회에 재앙이 되든지 할 것이다. 여전히 이곳 미국에도 음악 스타일을 가지고 교회 안에서 다투고 그 이유로 교회가 갈라지기도 하는 것을 본다.

만약에 서양의 전통 음악만이 정통 교회 음악이라고 주장한다면 아프리카 등에서 자기네 토속 음악을 가지고 예배하는 민족들도 다 서양의 전통 음악으로 바꿔야 할 것이다. 기본적으로 각 민족에게 주신 다양한 문화 안에서 하나님을 예배하는 것이 자연스러운 것이며, 동시에 인터넷이나 빠른 문화 교류 속에서 익숙해 지는 타 문화권의 유익한 부분들을 소화하여 예배 음악에 사용할 수 있다면 우리는 고유의 문화뿐 아니라 하나님의 넓고 다양한 축복들을 공유할 수 있을 것이다.

나는 이민 교회라는 척박한 상황에서 교회 찬양대를 섬기면서 나름대로 21세기에 하나님이 기뻐하시는 여러 모습의 찬양대들 중에 하나를 만들려고 노력했다. 400여 명이 출석하는 교회 예배에 120여 명의 찬양대로 인도해 주신 하나님의 꿈만 같은 인도를 경험해 본 적도 있고 한 주에 10명이 가까운 새 대원들이 찬양대로 등록하는 아주 경이로운 날들도 있었다. 그러나 아마도 가장 위대한 찬양대는 숫자에 크고 작음에 있다기보다는 모든 찬양대원들이 예배와 찬양에 대한 올바른 이해를 가지고 예배의 영적 중보자들로 서는 일에 불붙은 사람들이 되는 것일 것이다.

모든 찬양대원들이 열심을 내고 찬양을 드릴 때마다 교인들로부터 칭찬도 듣고 찬양 대원들도 주중 연습 시간에 오는 것을 너무나 즐거워하고 있었던 그 날들에도 내 마음 속에는 여전히 하나님 앞에 질문이 있었다. "하나님, 현재의 이런 찬양대의 상황에서 다음 단계로 하나님이 원하시는 찬양대의 부흥은 무엇입니까?"

그 즈음에 접하게 된 책에서 나는 그 해결점을 찾았다. 그 책의 제목은 『When They began to Sing』으로 Alvin Fruga가 쓴 책이며 대략을 정리하면 이런 내용이다.

"그 후에 모압 자손과 암몬 자손들이 마온 사람들과 함께 와서 여호사밧을 치고자 한지라 / 어떤 사람이 와서 여호사밧에게 전하여 이르되 큰 무리가 바다 저쪽 아람에서 왕을 치러 오는데 이제 하사손다말 곧 엔게디에 있나이다 / 여호사밧이 두려워하여 여호와께로 낯을 향하여 간구하고 온 유다 백성에게 금식하라 공포하매 / 유다 사람이 여호와께 도우심을 구하려 하여 유다 모든 성읍에서 모여와서 여호와께 간구하더라 / 여호사밧이 여호와의 전 새 뜰 앞에서 유다와 예루살렘의 회중 가운데 서서 / 이르되 우리 조상들의 하나님 여호와여 주는 하늘에서 하나님이 아니시니이까 이방 사람들의 모든 나라를 다스리지 아니하시나이까 주의 손에 권세와 능력이 있사

오니 능히 주와 맞설 사람이 없나이다 / 우리 하나님이시여 전에 이 땅 주민을 주의 백성 이스라엘 앞에서 쫓아내시고 그 땅을 주께서 사랑하시는 아브라함의 자손에게 영원히 주지 아니하셨나이까 / 그들이 이 땅에 살면서 주의 이름을 위하여 한 성소를 주를 위해 건축하고 이르기를 / 만일 재앙이나 난리나 견책이나 전염병이나 기근이 우리에게 임하면 주의 이름이 이 성전에 있으니 우리가 이 성전 앞과 주 앞에 서서 이 환난 가운데서 주께 부르짖은즉 들으시고 구원하시리라 하였나이다 / 옛적에 이스라엘이 애굽 땅에서 나올 때에 암몬 자손과 모압 자손과 세일 산 사람을 침노하기를 주께서 용납하지 아니하시므로 이에 돌이켜 그들을 떠나고 멸하지 아니하였거늘 / 이제 그들이 우리에게 갚는 것을 보옵소서 그들이 와서 주께서 우리에게 주신 주의 기업에서 우리를 쫓아내고자 하나이다 / 우리 하나님이여 그들을 징벌하지 아니하시나이까 우리를 치러 오는 이 큰 무리를 우리가 대적할 능력이 없고 어떻게 할줄도 알지 못하옵고 오직 주만 바라보나이다 하고 / 유다 모든 사람은 그들의 아내와 자녀와 어린이와 더불어 여호와 앞에 섰더라 / 여호와의 영이 회중 가운데에서 레위 사람 야하시엘에게 임하셨으니 그는 아삽 자손 맛다냐의 현손이요 여이엘의 증손이요 브나야의 손자요 스가랴의 아들이더라 / 야하시엘이 이르되 온 유다와 예루살렘 주민과 여호사밧 왕이여 들을지어다 여호와께서 이같이 너희에게 말씀하시기를 너희는 이 큰 무리로 말미암아 두려워하거나 놀라지 말라 이 전쟁은 너희에게 속한 것이 아니요 하나님께 속한 것이니라 / 내일 너희는 그들에게로 내려가라 그들이 시스 고개로 올라올 때에 너희가 골짜기 어귀 여루엘들 앞에서 그들을 만나려니와 / 이 전쟁에는 너희가 싸울 것이 없나니 대열을 이루고 서서 너희와 함께 한 여호와가 구원하는 것을 보라 유다와 예루살렘아 너희는 두려워하지 말며 놀라지 말고 내일 그들을 맞서 나가라 여호와가 너희와 함께 하리라 하셨느니라 하매 / 여호사밧이 몸을 굽혀 얼굴을 땅에 대니 온 유다와 예루살렘 주민들도 여호와 앞에 엎드려 경배하고 / 그핫 자손과 고라 자손에게 속한 레위 사람들은 서서 심히 큰 소리로 이스라엘 하나님 여호와를 찬송하니라 / 이에 백성들이 아침에 일찍이 일어나서 드고아 들로 나가니라 나갈 때에 여호사밧이 서서 이르되 유다와 예루살렘 주민들아 내 말을 들을지어다 너희는 너희 하나님 여호와를 신뢰하라 그리하면 견고히 서리라 그 선지자들을 신뢰하라 그리하면 형통하리라 하고 / 백성과 더불어 의논하고 노래하는 자들을 택하여 거룩한 예복을 입히고 군대 앞에서 행진하며 여호와를 찬송하여 이르기를 여호와께 감사하세 그의 인자하심이 영원하도다 하게 하였더니 / 그 노래와 찬송이 시작될 때에 여호와께서 복병을 두어 유다를 치러 온 암몬 자손과 모압과 세일 산 주민들을 치게 하시므로 그들이 패하였으니 / 곧 암몬과 모압 자손이 일어나 세일 산 주민들을 쳐서 진멸하고 세일 주민들을 멸한 후에는 그들이 서로 쳐죽였더라"

대하 20:1-23

21절에 보면 "노래하는 자"(King James version도 그렇게 되어있다) 또는 "선택된 노래하는 자들"이라고 되어있습니다. 여기서 노래하는 자들이란 오늘날의 교회 음악가들과 찬양대 대원들을 다 포함할 것입니다. 20장 21절의 영어 말씀은 "And when he had consulted with the people, he appointed singers unto the LORD"인데, 여호사밧 왕이 백성들과 의논한 뒤에 노래하는 자들을 뽑았다고 직역이 됩니다. 히브리 말의 노래하는 자들이라는 말은 Shuwr입니다. 물론 Shuwr의 첫번째 뜻은 음악사에 나오는 중세 독일과 프랑스의 음유 시인들처럼 돌아다니면서 노래 혹은 연주한다는 뜻을 내포합니다. 그런데 Shuwr의 두번째 뜻에서 우리는 놀라운 비밀을 발견하게 됩니다. 예를 들어 어느 빌딩의 안전을 위해 Security(경호 담당 혹은 안전 요원)를 고용할 때 그 안전 요원은 빌딩 혹은 고용인이 정하여 준 구역의 안전 점검을 위해 살피는 일을 합니다. 즉 영어로 말한다면 "going around for inspection", 마치 "안전 요원이 돌아다니며 점검을 한다"라는 뜻입니다. 그들에게 책임으로 주어진 일정한 장소의 안전을 위해 주기적으로 살피는 역할입니다.

찬양 대원들에게 이 뜻을 적용한다면 찬양 대원들은 그저 예배 안에서의 음악적인 책임과 역할을 감당할 뿐 아니라 궁극적으로 각 찬양대원들에게 맡겨진 예배의 영역에서 영적 책임을 감당해야 한다는 것입니다. 찬양대원들이 몇명이건 단지 예배를 통해 자기만 은혜를 받으려고하는 수준에서 멈추는 것이 아니라 그 예배를 위한 영적인 중보자 혹은 파수꾼으로 서는 것을 의미합니다.

"근신하라 깨어라 너희 대적 마귀가 우는 사자같이 두루 다니며 삼킬 자를 찾나니 / 너희는 믿음을 굳건하게 하여 그를 대적하라 이는 세상에 있는 너희 형제들도 동일한 고난을 당하는 줄을 앎이라"

벧전 5:8-9

마귀가 배가 고픈 사자처럼 먹이를 잡기 위해 우는 것처럼 우리를 삼키려고 두루 다닌다는 말씀이다. 정말 섬뜩한 이야기이다. 찬양대원들은 바로 이런 마귀의 전략을 알고 각 찬양대에 맡겨주신 예배를 영적으로 중보하는 역할을 감당하는 것이 바로 21세기의 찬양대의 첫 번째 역할인 것이다.

보다 구체적인 예를 들어 보자. 담임 목사님이 설교하시는 동안 찬양대원들이 그저 은혜를 받고자 하는 수준으로 만족할 것이 아니라 "하나님, 담임목사님의 말씀위에 기름을 부어주시고 그 말씀이 하나도 땅에 떨어지지 않게 하옵소서"라고 기도하며 중보기도자의 역할을 감당한다고 상상해 보기 바란다.

단지 담임목사님의 설교만이 아니라 예배의 모든 순서를 놓고 예배 전에 "하나님, 예배의 모든 순서를 예수님의 피로 덮어주옵소서, 성도들 중 한 사람도 영적인 사각 지대에 거하지 않게 보호해 주옵소서"라는 기도를 함께 드리고 들어간다면 찬양대원들이 예배에 임하는 태도가 완전히 달라질 것이요, 더 나아가 설교와 예배 전체를 위해 중보하는 사역까지 나아 간다면 이것은 찬양대의 엄청난 소명이요, 특권이다. 바로 이런 수준까지 나아가는 것이 찬양대 사역의 목표 중 하나가 되어야 한다.

"노래하는 자들"이라는 히브리 말의 두번째 뜻은 "성벽"(A wall) 이라는 뜻이다. 그러나 이 단어는 그냥 성이 아니고 철옹성을 의미한다. 즉 성벽이 하도 높아서 날아서 들어갈 수도 없고, 그 두께가 하도 굵어서 뚫고 들어갈 수도 없고, 그 기초가 하도 깊어서 밑으로 땅굴도 뚫을 수 없는 그런 벽을 의미한다. 만약에 찬양대가 교회의 그런 벽이 된다면 정말 할렐루야인 것이다. 그 누구보다도 담임 목사님은 춤을 추며 기뻐하실 것이다.

그러나 그런 철옹성 같은 성벽이 무너지는 이유는 오직 한 가지 밖에 없다. 바로 그것은 그 안에서 내란이 일어날 때이다. 바로 이런 내용들을 21세기에 교회를 섬기는 찬양대원들이 깨닫고 사역에 임한다면 먼저 그들의 예배에 임하는 태도가 달라질 것이요, 찬양대로 인해 교회 안에 영적인 부흥이 일어날 것이다.

> "평안의 매는 줄로 성령의 하나 되게 하신 것을 힘써 지키라 / 몸이 하나이요 성령도 한 분이시니 이와 같이 너희가 부르심의 한 소망 안에서 부르심을 받았느니라"
>
> 엡 4:3-4

찬양대가 교회의 분열에 앞장서는 그룹이 되는 이유는 찬양대의 진정한 목적과 이유를 알지 못하기 때문이요, 방향을 잃고 헤메이기 때문이다. 고질적인 교회의 문제들 중에 찬양대가 주요인이라는 안타까운 하소연을 너무나 많은 담임목사님들로부터 들었다.

찬양대의 찬양 위에 임하시는 능력으로 인해 수없이 많은 간증들이 있지만 그 중에 하나를 예를 들어 보겠습니다. 어느 주일날 축도송을 마치고 본당을 나서려고 하는데 여성 성도 한 분이 나가오며 말을 건넸다. "지휘자님이시죠?", "네." "잠깐 말씀을 드리고 싶습니다." 성도의 얼굴

이 밝았기에 재앙이 다가오는 것은 아니라고 생각하고 마음의 무장을 해제하며 안도의 숨을 내쉬었다. "다름이 아니고 오늘 교회에 와서 주차를 하는데 워낙 차들이 많은 주차장에서 주차할 곳을 찾다가 그만 주차 요원과 시비가 붙어서 너무나 속이 상했습니다. 예배 시간도 늦었는데 그냥 집으로 가버리자고 생각을 먹다가 끝까지 참고 조금 늦게 예배당으로 들어와서 예배를 드렸습니다. 그런데 계속 그 주차요원의 거만함이 생각나면서 화가나서 예배를 드릴 수가 없었습니다. 그러던 중에 갑자기 찬양대 찬양의 순서가 되었는데 그 찬양을 듣는 순간에 머리 끝까지 올라와 있던 화가 순간적으로 언제 그랬나 할 만큼 가라 앉는 것이었습니다."

사랑하는 찬양대 대원 여러분,
 더 이상 찬양대는 교회 사역의 변두리 역할을 감당하는 자들이 되어서는 안 됩니다. 또한 교회 안에서 능력있는 백수들이 모인 곳이라는 말을 들어서도 안 됩니다. 또 어느 미국 목사님의 말대로 사단이 하늘에서 떨어졌을 때 찬양대석으로 떨어졌다고 할 만큼 찬양대가 교회 안에 문제의 진원지가 되어서도 안 됩니다. 교회가 추구하는 영적인 방향과는 아무 상관없이 그저 음악이 좋아서 찬양대원으로 섬기는 그런 자가 되기보다 한 번 뿐인 인생이 하나님의 나라를 위해 닳아서 없어지는 그런 멋있는 인생이 되기를 기도하시기 바랍니다.

하나님, 이 글을 읽으시는 분들에게 주님이 제게 주신 같은 은혜를 허락해 주옵소서. 제가 이런 사역을 원하지도 않고 그저 제 뜻대로 살고 있었는데도 끝까지 나를 추적하시어 주님의 사랑으로 나를 감동시키신 바, 그 사랑으로 이분들을 감동시켜 주옵소서. 그래서 이 분들이 섬기는 찬양대 안에 성령님의 새롭게 하시는 은혜가 넘치도록 축복해 주옵소서. 가장 높으신 예수님의 이름으로 기도합니다. 아멘!

차례

추천사 • 5

머리말 • 7

21세기의 건강한 찬양대 • 12

1. 예배하는 자 • 26
2. 다가오는 새로운 찬양의 세대 • 29
3. 새로운 한 해를 시작하며 • 33
4. 예배자로서 새해의 결단 • 35
5. 예배의 비밀 • 37
6. 예배자의 꿈 • 39
7. 예배자의 삶 • 42
8. 저주와 재앙을 멈추게 하는 예배 • 45
9. 진정한 예배에 주시는 여호와이레의 축복 • 49
10. 코람데오 • 52
11. 항상 은혜가운데 거하는 삶 • 54
12. 복음의 능력 가운데 거하는 삶 • 57

13. 성숙한 예배는 그 촛점이 • 60

14. 오시옵소서, 성령님! • 63

15. 온도계가 아닌 온도 조절계가 되는 인생을 꿈꾸며 • 65

16. 인생은 우리의 힘으로 감당할 수 없는 전쟁입니다 • 68

17. 푯대를 향해 달려가는 삶 • 71

18. 하나님을 신뢰함으로 결코 낙담하지 않으리 • 74

19. 하나님의 영광이 떠난 함성 • 77

20. 혼돈의 세상에서 우리로 하여금 힘있게 살게 하는 예배 • 80

21. 화목케하는 사명자들을 기다리시는 하나님 • 84

22. 가나 혼인잔치 속에 보이는 예배의 비밀들 • 87

23. 앞장서서 인도하시는 주님을 찬양합니다 • 91

24. 열두 광주리 가득히 차고도 넘치는 예배 • 94

25. 부서지고 상한 심령을 향한 하나님의 마음 • 98

26. 예배는 하나님의 임재를 보배(treasures)로 여기는 자들이 하나님께 드리는 것 • 101

27. 우리에게 이런 예배를 주옵소서 • 105

28. 주님이 가르치신 기도 • 109

29. 좋은 찬양대는 위대한 찬양대의 적이다. • 112

30. 위대한 하나님을 올바로 예배하는 찬양대 • 115

31. 하나님의 능력을 계속적으로 경험하는 찬양대 • 121

32. 같은 마음을 갖고 함께 길가기 • 125

33. 모든 관계가 찬양되는 찬양대 • 128

34. 늘 새로운 은혜 가운데 거하는 길은 여전히
    지하실에서 올라오는 시궁창 냄새를 맡고 있는 인생 • 130

35. 하나님이 기뻐하시는 삶을 향해 달려가는 삶 • 135

1. 예배하는 자

요한복음 4장은 예수님과 사마리아 우물가의 여인과의 대화를 통해 예배에 대해 귀한 가르침을 주시는 장이요 또한 우리가 흔히 '예배자'에 대해 가르칠 때 가장 많이 인용하는 성경 구절이기도 하다.

> "예수께서 이르시되 여자여 내 말을 믿으라 이 산에서도 말고 예루살렘에서도 말고 너희가 아버지께 예배할 때가 이르리라 / 너희는 알지 못하는 것을 예배하고 우리는 아는 것을 예배하노니 이는 구원이 유대인에게서 남이라 / 아버지께 참되게 예배하는 자들은 영과 진리로 예배할 때가 오나니 곧 이 때라 아버지께서는 자기에게 이렇게 예배하는 자들을 찾으시느니라 / 하나님은 영이시니 예배하는 자가 영과 진리로 예배할지니라"
>
> 요 4:21-24

여기서 우리가 '예배자'라 할 때, 이 '예배자'는 단순히 '(정하여 놓은 의전적인) 예배를 드리는 자'의 범위를 넘어선다. '예배자'라 함은 다음과 같이 설명할 수 있다.

하나님과 밀접한 사귐이 있는 사람, 하나님의 인격과 깊이 닿아 있는 사람, 삶으로 예배하며 그 속에 잠겨 사는 사람, 그래서 그 삶이 풍성하고 하나님의 빛을 반사시키는 사람, 치우친 형식과 외형보다는 관계와 생명을 더 중요하게 여기는 사람, 가진 달란트와 은사를 자랑하기보다는 주신 분을 바라볼 줄 아는 사람, 하나님이 말씀하실 때 늘 '예' 라고 응답할 준비가 되어 있는 사람, 늘 그 분 안에 거하기 때문에 쉽게 응답하며 하나님 앞으로 나아가는 사람, 성령 안에서 예배하기를 훈련하고 연습하는 사람, 진리 안에서 예배하기를 훈련하고 연습하는 사람, 모든 결정권을 하나님께 맡기고, 잠잠히 귀를 열고 기다릴 줄 아는 사람, 그 결정에 순종하며 땀으로 헌신하는 사람, 사람과 상황에 집중하지 않고 하나님께 집중하는 사람, 그러므로 자기의 허물과 약함을 겸허하게 받아들이고 인정하는 사람, 되어가는 상황이 조금 느려보여도 느린 상황보다 하나님의 시간에 더 집중하는 사람.

　위와 같은 내용을 토대로 예배자를 설명할 때 하나님이 찾으시는 예배자가 되기란 결코 쉽지 않음을 느끼게 되지만 진정한 예배자가 되기 위해 한걸음씩 주님 앞에 더 나아가는 것은 결코 헛되지 않은 것이다. 찬양대와 오케스트라가 찬양을 부르고 연주하는 자이기 전에 하나님 앞에 홀로 서 있는 한 사람의 예배자가 되어야 한다는 사실을 거듭 강조하는 이유도 여기에 있다.

　노래하는 자의 생명은 목소리가 상하면 끝이 난다. 연주하는 자의 생명은 손과 발이 제 구실을 못하면 끝이 난다. 그러나 예배하는 자의 생명은 환경이나 상황, 조건과 관계가 없다. 오히려 참된 예배자로서의 여정을 포기하지 않는다면 상황이 악화되고 환경과 조건이 어려워질수록 더욱 더 그 예배는 빛을 발할 것이다. 바로 그곳을 비추시는 주님의 얼굴

빛 때문에 말이다. 하나님께서 목소리 좋은 싱어나 리듬감 좋은 드러머를 찾으시기 전에 먼저 그들의 마음을 찾고자 하시는 이유를 우리는 바로 이 말씀에서 깨달을 수 있다고 믿는다.

2. 다가오는 새로운 찬양의 세대

　남가주 사랑의 교회에서 사역을 한 지 이제 10년이 다 되어간다. 그동안 긴 인생 여정에 예수전도단을 통해 그리고 22년 동안 미국에서 경배하며 찬양하는 삶을 통해 누렸던 많은 하나님의 축복들을 감사하지 않을 수 없다. 남가주 사랑의 교회 안에 쉐키나 교회음악연구소가 시작되면서 하나님께서 내 마음에 주신 꿈은 이런 것이다.

　1970년경 한국교회에 밀려 온 경배와 찬양의 새로운 물결은 경직된 예배에 새로운 활력소로 다가왔다. 물론 축복과 부작용이 함께 왔음을 부인할 수 없지만 경배와 찬양의 물결은 기성 교회의 성도들이 예배 때에 하나님께 좀 더 친밀하게 나아갈 수 있도록 도와주었고, 지성소로 나아가는 예배에 관한 많은 가르침과 계시의 복을 한국 교회가 풍성하게 누리도록 하였다. 당시의 일반적인 예배 방식(전통적인 예배)에 또 다른 가능성을 열어주는 계기가 되었던 것이다. 그러한 흐름 속에서 지금까지 참으로 귀한 많은 찬양들을 하나님께서 허락해 주셨고 그 찬양들은 지금도 많은 교회들 안에서 축복이 되고 있다. 그런데 나는 개인적으로 대학에서 교회음악을 가르치면서 또한 교회 안에서 실제적인 찬양 사역으로 섬기면서, 하나님께서 또 하나의 새로운 물결을 일으키시리라는 생각을 떨칠 수 없다. 그 새로운 물결이라는 것은 이런 것들이다.

첫째, 더 이상 입으로만 하는 찬양이 아닌, 삶으로 찬양하는 세대의 물결이다. 그토록 많은 교회들이 세워져 있는 조국에서는 기독교에 대한 국민들의 신뢰가 곤두박질친다는 소식만 들린다. 이는 더 이상 음악이 없어서 교회가 부흥하지 않는 것이 아니고 삶으로 찬양하는 사람들이 없기 때문이다. 그러나 감사한 것은 이러한 변화의 물결은 벌써 일어나고 있다. 찬양을 작곡하는 사람들이 그들이 말하는 혹은 그들이 작사한 가사 대로 삶을 살지 않고서는 새로운 찬양의 물결이 일어날 수 없다. 그래서 하나님께서는 그와 같은 작곡가들을 교회역사를 통해 함께 일으키셨고 지금도 일으키고 계신다. 바로 고형원 형제 같은 분이 그런 대표적인 사역자 중 한 분이라고 생각한다. 어느 날인가 고형원 형제가 직접 보내 주었던 그의 음반을 주중에 교회 가는 길에 차안에서 듣던 중에 나는 더 이상 차를 운전할 수 없을 만큼 강력한 하나님의 임재와 하나님의 마음이 다가오는 것을 느꼈고 그 자리에서 참 많이 울었던 기억이 난다. 그것이 바로 부흥이라는 노래가 담긴 CD였다. 가냘픈 체구와 항상 건강의 어려움으로 바짝 말라 있던 형원 형제, 그러나 예배를 위해서라면 주저 없이 삶을 던지던 그 형제의 모습이 지금도 선하다. 하나님 앞에서 교회와 성도들로 하여금 하나님을 높이는 것에만 치중하는 가사를 가진 찬양들에서 이제는 우리가 높이는 그 하나님께서 원하시는 우리의 삶, 즉 행함과 책임을 강조하는 가사를 가진 찬양의 세대가 일어나야 한다. 노래와 함께 행함으로 찬양하는 세대 말이다.

그들은 그들의 믿음을 고백할 뿐 아니라 그 고백하는 믿음의 삶을 살기 위해 대가를 지불하는 사람들이다. 그들은 더 이상 음악적 혹은 특정 예배 스타일에 연연하지 않는 세대이다. 오히려 어떤 스타일에도 하나님을 예배할 수 있다는 마음의 태도를 가지는 자들이다. 그러기에 내가 좋아하는 스타일의 예배가 아닐지라도 만약에 내가 내려놓음으로 다른 형제를 얻을 수 있다면 기꺼이 나의 선호하는 것을 내려놓을 수 있는 그런 삶의 태도를 가진 사람이다. 한국이나 미국이나 각자가 선호하는 예배 스타일로 인해 교회가 어려움을 당하는 곳이 많다. 그러면서 그들은 하나같이 자신의 방식이 바로 하나님의 뜻이라고 한다. 하나님은 우리의 예배 스타일에 제한 받으시는 분이 아니시다. 아프리카 그리스도인들의 찬양도 받으시고 인도 사람의 예배와 찬양도 아무런 문제없이 받으시는 분이시다. 문제는 우리들이다.

  새로운 찬양의 세대는 또한 단지 젊은 세대를 의미하는 것이 아니고 비록 육신의 나이는 들었어도 속사람은 날로 새로워지는 그러한 세대이다. 입술로 드리는 찬양 안에 그들의 영적인 몸부림을 담는 그런 세대가 일어나고 있다.

  둘째, 또 이런 세대를 꿈꾼다. 이제 더 이상 다른 복, 즉 아직까지 받지 못한 복에 연연하는 자들이 되지 않고 이미 받은 복을 감사하고 오히려 나눌 것을 찾고 나누지 못하는 인색한 마음을 불쌍히 여겨 달라고 부르짖는 세대의 물결이 일어날 것이다. 우리 모두는 받은 것이 너무나 많음에도 불구하고 없는 것에만 초점을 맞추며, 이미 받은 것에 대한 감사를 잊은 세대이기에 바로 새로운 찬양을 통해 우리의 이런 모습을 변화시킬 수 있는 찬양의 새 물결이다.

  셋째, 방어적인 신앙에서 공격적인 신앙을 가진 세대의 물결이 일어날 것이다. 지금까지는 자기가 가진 신앙을 방어하는 것에만 급급하고 죄를 짓지 않으려는 것에 많은 가치를 두는 신앙이었다면 야고보서 3장에 나오는 것처럼 이제 교회가 일어나 모든 관계 속에서 성결을 전심으로 좇고, 화평을 좇으며, 관용의 아이디어를 좇으며, 양순하며, 긍휼과 선한 열매가 가득한 삶을 적극적으로 좇는 그런 세대의 물결이다. 그러기에 주님이 오시기 전까지의 일분 일초가 아까워서 그들의 삶을 전적으로 하나님께 드리기 원하는 그러한 세대이다.

> "오직 위로부터 난 지혜는 첫째 성결하고 다음에 화평하고 관용하고 양순하며 긍휼과 선한 열매가 가득하고 편견과 거짓이 없나니 / 화평하게 하는 자들은 화평으로 심어 의의 열매를 거두느니라"
>
> 약 3:17-18

이런 물결이 고형원 형제의 사역이나 저의 사역을 통해서만 일어날 것이라는 이야기가 아니다. 많은 사람들이 도전받으며, 도전하며 쓰러졌다가도 다시 주의 은혜 가운데 일어나 함께 싸우는 그러한 세대의 물결이 일어날 것이라는 것이다. 그래서 나와 이글을 읽는 모든 분들이 함께 이 물결에 동참하게 되기를 기도한다.

> "주의 권능의 날에 주의 백성이 거룩한 옷을 입고 즐거이 헌신하니 새벽 이슬 같은 주의 청년들이 주께 나오는도다"
>
> 시 110:3

3. 새로운 한 해를 시작하며

하나님께서 넘치는 은혜로 작년 한 해 동안 모든 찬양대를 지켜주시고 선한 길로 인도해 주셨다. 모든 지휘자들과 음악 스태프들, 그리고 모든 임원들의 협력과 모든 찬양대 대원들의 아름다운 헌신과 동역 위에 부어주신 하나님의 은혜였다.

이제 새해가 시작되면서 우리 교회 모든 찬양대가 다음의 기도 제목들을 놓고 함께 기도하며 새해를 시작하기 원한다. 우리의 부르심은 예배를 돕는 자이다. 찬양대가 목사님 설교 전에 3-4분 찬양하는 그 일에만 목숨 거는 자들이 아닐 뿐더러 또 자기 찬양대만 잘 되기를 꾀하는 그런 육신에 속한 자들이 아니다. 우리 전체에게 맡겨주신 주일 예배 전체를 영적으로 중보하며 담임목사님과 영적 전쟁을 감당하는 부르심이다. 성경에 보면 하나님의 인도하심 가운데 빌립보로 전도하러 갔던 바울과 실라는 감옥에 갇히게 되었지만 낙담하거나 좌절하지 않아 결국 놀라운 반전을 경험하게 된다.

"한밤중에 바울과 실라가 기도하고 하나님을 찬송하매 죄수들이 듣더라 / 이에 갑자기 큰 지진이 나서 옥터가 움직이고 문이 곧 다

열리며 모든 사람의 매인 것이 다 벗어진지라"

행 16:25-26

그들은 복음을 전하던 중 감옥에 갇히는 일을 당하였다. 그런데도 그들은 그 한밤중에 기도와 찬미로 하나님 앞에 나가는 자가 되기로 작정한 것이다. 정말 세상이 감당치 못하는 자들이었다. 즉 그들은 어떠한 일이 생겨도 먼저 그 나라와 그 의를 구하는 것이 생활화되어 있던 자들이다. 기도와 찬미를 드리는 자들의 삶은 자기들의 착고만 풀리는 것이 아니라 그들과 함께 있던 자들의 매인 것(차꼬)까지 하나님이 풀어주시도록 하는 역사를 경험하게 된다. 한 해 동안 각 예배에서 우리 모든 찬양대들이 찬양할 때마다 우리들의 묶인 것만 풀어지는 것이 아니고 예배에 참석하는 모든 성도들의 묶인 것들이 함께 풀어지는 놀라운 역사가 함께 하기를 예수님의 이름으로 축원한다.

4. 예배자로서 새해의 결단

너무나도 잘 아는 이사야 43장 21절에 하나님은 "이 백성은 내가 나를 위하여 지었나니 나를 찬송하게 하려 함이니라"고 하셨다. 찬송하는 자가 되라고 하셨지 쓸데없는 말을 하는 자가 되라고 하시지 않으셨기에 올해는 하나님 앞에 귀여운 사람이 되는 것이 나의 결심이다. 적어도 하루에 한 번은 "하나님 저 귀엽죠?"라고 묻기로 했다. 이런 결심을 가지고 기도하는데 마음에 드는 몇 가지의 생각들이 있었다. 우리가 주님을 믿는다고 할 때 그 "믿다"라는 말의 뜻은 주님이 믿으라고 하시는 그 내용을 마음에 담아 그것을 믿는다는 것이다. 그래서 믿음을 행하는 것의 시작은 바로 "생각을 주님께 드리는 것"이기에 생각의 영토 혹은 사고의 영역을 주님이 점령하시도록 내어드리는 것이다. 자, 그럼 구체적으로 이런 삶의 실체를 접해보자. 새해가 시작된 이후로 아마도 벌써 거의 모든 사람들이 이런 저런 일로 인해 열을 받거나 속상한 일들이 있었을 것이다. 복 받은 사람이라고 기분 나쁜 일이 그 인생에 하나도 없는 것은 아닐게다. 새해 꼭두새벽에 접한 한국 이천의 화재 사건 소식을 통해 인생의 폭풍우는 한해의 시작과 끝을 가리지 않고 우리에게 찾아오는 것임을 생각하게 되었다. 인생에 일어나는 일들로 우리의 인생을 좌지우지하게 한다면 우리의 인생은 너무나 흔들리는 인생이 될 것이다. 나는 상당히 감성적인 사람이어서 조그만 일에도 섭섭해 하고 상처를 잘 받는다. 이찬수 목사님의 말씀처럼 "그런 것 왜 받느냐"고 하더라도 거의 자동적으로 이뤄지는 내 안의 상처는 참 다스리기가 어렵다. 그래서 우리는 훈련이 필요하다. 우리 생각의 영토를 주님께만 열어 놓는 훈련 말이다. 그렇다고 사람들의 말을 듣지 않는다는 이야기인가? 그런 사람은 거만한 사람일 것이다. 진짜 겸손한 사람은 사람의 대화 중에 주님의 음성을 분별하는 사람이다. 이런 기도를 해 본다.

주님, 올 한 해 동안 우리가 모여서 연습할 때마다 이렇게 기도하게 하소서.

모든 소프라노 대원들은 항상 모든 곡의 멜로디를 부를 때마다 "주님, 정말 주님만이 내 인생의 멜로디되시고 주인되어 주소서"라고 고백하는 심령들이 되게 하소서.

알토 파트 대원들은 있는 듯 없는 듯 하는 알토 파트를 부를 때마다 조용하지만 항상 우리 곁에 계신 주님의 임재를 생각하는 심령들이 되게 하소서.

테너 파트는 음정이 올라가 희열이 느껴질 때마다 하나님을 향한 우리의 사랑이 노래할 때 희열보다 더 크게 해달라고 기도하는 심령들이 되게 하소서.

베이스는 깊은 저음을 내어 화음의 뿌리를 내릴 때마다 너무나 깊어서 잴 수 없는 하나님의 깊은 사랑을 내 인생 끝까지 노래하리라고 다짐하고 또 다짐하는 심령들이 되게 하소서.

예수님의 귀하신 이름으로 기도합니다. 아멘.

5. 예배의 비밀

"여호와께서 이와 같이 말씀하시니라 무릇 사람을 믿으며 육신으로 그의 힘을 삼고 마음이 여호와에게서 떠난 그 사람은 저주를 받을 것이라 / 그는 사막의 떨기나무 같아서 좋은 일이 오는 것을 보지 못하고 광야 간조한 곳, 건건한 땅, 사람이 살지 않는 땅에 살리라 / 그러나 무릇 여호와를 의지하며 여호와를 의뢰하는 그 사람은 복을 받을 것이라 / 그는 물가에 심어진 나무가 그 뿌리를 강변에 뻗치고 더위가 올지라도 두려워하지 아니하며 그 잎이 청청하며 가무는 해에도 걱정이 없고 결실이 그치지 아니함 같으리라"

렘 17:5-8

좁은 의미의 예배는 주일날 우리가 드리는 공동체적인 공예배라고 할 수 있으나 넓은 의미의 예배는 우리 삶의 전체로 드리는 하나님 앞의 우리 인생이라고 할 수 있을 것이다. 그런 의미에서 우리가 하나님을 의뢰한다고 하는 것은 바로 하나님 앞에 우리의 예배인 것이다. 그러나 하나님께서 그런 자들에게 어려움이 없다고는 말씀하시지 않았다. 성경은 하나님을 의뢰하는 사람들에게 더위와 가뭄이 오지 않는다고 말씀하시지 않으시고 오히려 '더위가 와도 가뭄이 와도' 라고 말씀하신다.

　하나님을 의뢰하는 자, 곧 예배하는 자에게는 인생의 가뭄이나 더위가 올지라도 계속해서 열매를 맺는 삶과 두려움이 없는 삶, 그 잎이 계속 청청한 삶을 보장하고 계신다. 반대로 사람을 의지하고 자기의 육체를 신뢰하는 사람, 즉 마음이 여호와에게서 떠난 사람은 좋은 일이 오는 것을 보지 못한다고 하신다. 영어 성경에서 이 구절을 살펴보면 좋은 일은 즉 형통(prosperity)이다. 여호와가 그 마음에 없는 자는 그 형통이 자기에게 와도 보지 못하고 지나쳐 버린다는 것이다.

　우리에게 다가오는 축복을 자기의 것으로 취하지 못하는 비극이 바로 마음이 여호와에게서 떠난 삶 가운데 있는 것이다. 그러나 우리가 주님 앞에 서 있을 때, 즉 예배하는 삶을 살 때 우리의 영안이 열리고 우리에게 다가오는 형통함을 우리의 것으로 취하는 은혜가 있게 된다고 말씀하신다. 바로 이런 축복이 삶으로 예배드리는 나와 여러분들에게 있기를 바란다. 한 주간의 비즈니스와 여러 가지 일들로, 혹은 사람들과의 관계로 문제가 생겼는가. 그러한 일들로 인해 불평하거나 우울해지지 않고 우리 앞의 난관들을 축복으로 바꾸는 길은 주님을 예배하고 의뢰하는 길이다. 비록 그런 열악한 환경(더위와 가뭄)에 우리가 처할지라도 예배하는 삶을 선택하여 하나님을 신뢰하면 한 번 결실을 맺는 삶이 아니고 일년 내내 결실을 맺는 신기한 삶을 약속해주신다. 예배에는 엄청난 비밀이 있다. 그 비밀은 모든 자들에게 보장된 것인데 그 비밀에 들어가는 길은 오직 예배뿐이다.

　이런 축복이 찬양대원들과 함께 하시기를 기도하며….

6. 예배자의 꿈

"이는 다윗의 마지막 말이라 이새의 아들 다윗이 말함이여 높이 세워진 자, 야곱의 하나님께로부터 기름 부음 받은 자, 이스라엘의 노래 잘하는 자가 말하노라 / 여호와의 영이 나를 통하여 말씀하심이여 그의 말씀이 내 혀에 있도다"

삼하 23:1-2

 이번 한 주 동안에도 가정과 학교, 또 교회 공동체 안에서 말실수를 하거나 혹은 나쁜 의도가 아니었는데 상대방에게 다르게 전달되어 본의 아니게 상처를 주게 되는 일들이 있었다. 다른 형제자매들의 삶 속에서 일어난 일들을 전해 듣게 될 때에도 말의 실수를 통해 얼마나 많은 인생의 시간과 에너지가 낭비되는지 절감하게 된다.
 예배자로서의 부르심 중에 말(언어)에 대한 하나님의 개입하심을 한 번도 경험해 보지 않았다면 아마도 아직까지 찬양대원으로 그리고 예배자로서의 삶에 입문도 하지 못한 것이라고 나는 자신 있게 말할 수 있다.

 "혀는 곧 불이요 불의의 세계라 혀는 우리 지체 중에서 온 몸을 더럽히고 삶의 수레바퀴를 불사르나니 그 사르는 것이 지옥 불에서 나느니라 / 여러 종류의 짐승과 새며 벌레와 바다의 생물은 다 사람이 길들일 수 있고 길들여 왔거니와 / 혀는 능히 길들일 사람이 없나니 쉬지 아니하는 악이요 죽이는 독이 가득한 것이라 / 이것으로 우리가 주 아버지를 찬송하고 또 이것으로 하나님의 형상대로 지음을 받은 사람을 저주하나니 / 한 입으로 찬송과 저주가 나는도다 내 형제들아 이것이 마땅하지 아니하니라"

약 3:6-10

찬양대원으로 섬길 때 대부분의 시간들이 음악적인 부분을 준비하는데 쓰인다는 것을 우리는 부인하기 어렵다. 찬양대원이라면 일단 음악적으로 성숙해야 한다는 것은 이견의 여지가 없다. 그런데 문제는 거기서 멈춘다는 것이다. 음악적으로는 탁월하지만 영감을 주지 못하는 찬양대, 교회 공동체 안에서 문제의 발생지가 되는 찬양대, 내부적으로 갈라져서 서로 시기, 질투하는 찬양대….

우리는 애굽에서 이스라엘을 구원하시기 위해 자신을 부르시는 하나님의 음성에 여전히 자신의 부족함을 고백하며 신음하던 모세를 기억하는가? 만약에 우리 안에 모세와 같은 마음이 있다면 우리의 삶은 금방 달라질 것이다.

"너는 그에게 말하고 그의 입에 할 말을 주라 내가 네 입과 그의 입에 함께 있어서 너희들이 행할 일을 가르치리라"

출 4:15

하나님은 그에게 약속의 말씀을 주신다. 바로 그의 입에 함께 하시겠다고 말이다. 할렐루야!

다윗은 하나님의 마음에 합한 자였다고 성경은 말한다. 바로 그와 같이 하나님의 사랑을 입은 자가 이 글에 앞서 인용한 말씀에서 고백하는 내용은 무엇인가?

> "야곱의 하나님께로부터 기름 부음 받은 자, 이스라엘의 노래 잘 하는 자가 말하도다 / 여호와의 영이 나를 통하여 말씀하심이여 그의 말씀이 내 혀에 있도다"
>
> 삼하 23:1-2

이스라엘의 노래 잘하는 자가 말하기를 하나님께서 자기의 혀를 사용하사 말씀하셨다고 고백한다. 바로 이것이 하나님을 삶으로 예배하는 자의 꿈이다. 나는 이것이 나의 꿈이 되기를 소원한다.

바로 이런 소원을 가진 자가 하나님 앞에 삶의 전 영역에서 끝없는 예배(unceasing worship)로 나아간다면 선지자 이사야와 같이 고백하게 될 것이다.

> "주 여호와께서 학자들의 혀를 내게 주사 나로 곤고한 자를 말로 어떻게 도와 줄 줄을 알게 하시고 아침마다 깨우치시되 나의 귀를 깨우치사 학자들 같이 알아듣게 하시도다"
>
> 사 50:4

7. 예배자의 삶

예배자의 삶은 주님이 나로 하여금 듣기 원하시는 것만 듣는 것이요, 보기 원하시는 것만 보는 것이요, 말하기 원하시는 것만 말하는 것이다.

"사람이 나를 섬기려면 나를 따르라 나 있는 곳에 나를 섬기는 자도 거기 있으리니 사람이 나를 섬기면 내 아버지께서 그를 귀히 여기시리라."

요 12:26

일전에 알던 어느 집사님과의 대화 중에 있었던 내용이다. 사업에 대한 이야기를 하다가 그 집사님 왈 "제가 이래 뵈도 사업할 때는 화끈하게 합니다!" 이런 말을 듣고 나는 그 집사님께 물어봤다. "혹시 집사님이 크리스천인 것을 다른 사람들이 압니까?" 나의 질문에 그 집사님은 이렇게 대답했다. "모르죠. 사업을 할 때는 그렇게 하면 안 됩니다!" 음악목사로 또 대학의 교회음악과 교수로서 나의 꿈은 나와 함께 동역하는 찬양대원들의 삶이 예배자의 삶으로서 교회 안에서나 밖에서나 일치하는 것을 보는 것이다. 때론 세상 속에서 주어진 형편과 상황에 따라 우리는 타협하며 살아가게 될 때도 있다. 겉과 속이 다르지 않은 투명한 삶은 결코 쉬운 일이 아니다. 또한 그런 삶은 우리의 힘으로는 절대 할 수 없다는 것도 안다. 만약에 그것이 우리의 힘으로 가능한 것이었다면 주님이 우리를 도우실 필요가 없었을 것이다.

요한복음 12장의 말씀은 제자로 부르심을 받은 자들이 어떤 모습으로 살아가기 원하시는 지에 대한 주님의 마음이 잘 드러난다. 바로 우리가 어디를 가든지 그 자리에 계신 주님을 예배하는 삶이다. 누구를 만나든지 내 말을 하는 것이 중요한 것이 아니고 주님의 말씀을 대언하려는 소원을 가진 자가 바로 예배자이다. 나는 바로 그 자리에서 주님을 섬기는 자로 서 있는 것이다. 바로 이것이 삶으로 드리는 우리의 예배인 것이다.

음악가들이 무슨 일을 하면서 하나됨을 이루는 것은 거의 기적이다. 아마도 그래서 영성 중에 가장 위대한 영성이 연합의 영성이라는 말을 하는지도 모르겠다. 나 자신이 드러나지 않는 것을 견디지 못하는 우리의 죄성이 아마도 음악가들 사이에 더욱 크게 자리 잡고 있는 듯하다. 나를 봐도 그러하다. 어디 가서 내가 스스로 대단한 사람이라고 말하지는 않지만 내안에 "그래도 내가 좀 하는데"라는 생각을 늘 가지고 있는 것을 부인할 수 없다(주여, 긍휼을 베푸소서).

진정한 연합은 척 하는데서 오지 않는다. 진정으로 주님의 온전하신 다스림이 내 인생에 있지 않는 한 하나됨은 이루어지지 않는다. 그래서 나는 주님을 의지한다. 내가 가진 것으로는 소망이 없기 때문이다.

자, 이제 우리의 삶 한가운데서 주님을 섬기도록 하자. 주일날에만 열심을 내어서 섬기는데 끝나지 않고 이번 주 중에 누구를 만나든지 주님의 음성에 귀를 기울이도록 하자. 우리의 연약함으로 인하여 때때로 넘어지고 자빠지더라도 다시금 예수의 보혈을 의지하고 일어서서 주님 앞에 나아가자. 아모스 선지자의 시대에도 하나님께 드리는 예배와 성회들이 풍성했지만 하나님의 마음은 떠나있었다.

"내가 너희 절기들을 미워하여 멸시하며 너희 성회들을 기뻐하지 아니하나니 / 너희가 내게 번제나 소제를 드릴지라도 내가 받지 아니할 것이요 너희의 살진 희생의 화목제도 내가 돌아보지 아니하리라 / 네 노랫소리를 내 앞에서 그칠지어다 네 비파 소리도 내가 듣지 아니하리라 오직 정의를 물 같이, 공의를 마르지 않는 강 같이 흐르게 할지어다"

암 5:21-24

주님, 주님 앞에 예배자의 삶으로 서 있는 우리 찬양대를 꿈꾸며 기도합니다. 장소와 형편에 상관없이 예배를 꿈꾸는 자들을 일으켜 주옵소서. 주님이 우리로 듣기 원하시는 진리만 듣게 하시고 우리로 보기 원하시는 것만 보게 하시고 그래서 궁극적으로 우리의 모든 것이 주님의 것 되게 하소서. 오늘 이 예배도 삶으로 드리는 예배의 연장이 되는 예배가 되게 하소서. 예수님의 이름으로 기도합니다. 아멘.

8. 저주와 재앙을 멈추게 하는 예배

"이에 여호와께서 그 아침부터 정하신 때까지 전염병을 이스라엘에게 내리시니 단에서부터 브엘세바까지 백성의 죽은 자가 칠만 명이라 / 천사가 예루살렘을 향하여 그의 손을 들어 멸하려 하더니 여호와께서 이 재앙 내리심을 뉘우치사 백성을 멸하는 천사에게 이르시되 족하다 이제는 네 손을 거두라 하시니 여호와의 사자가 여부스 사람 아라우나의 타작 마당 곁에 있는지라 / 다윗이 백성을 치는 천사를 보고 곧 여호와께 아뢰어 이르되 나는 범죄하였고 악을 행하였거니와 이 양 무리는 무엇을 행하였나이까 청하건대 주의 손으로 나와 내 아버지의 집을 치소서 하니라 / 이 날에 갓이 다윗에게 이르러 그에게 아뢰되 올라가서 여부스 사람 아라우나의 타작 마당에서 여호와를 위하여 제단을 쌓으소서 하매 / 다윗이 여호와께서 명령하신 바 갓의 말대로 올라가니라 / 아라우나가 바라보다가 왕과 그의 부하들이 자기를 향하여 건너옴을 보고 나가서 왕 앞에서 얼굴을 땅에 대고 절하며 / 이르되 어찌하여 내 주 왕께서 종에게 임하시나이까 하니 다윗이 이르되 네게서 타작마당을 사서 여호와께 제단을 쌓아 백성에게 내리는 재앙을 그 치게 하려 함이라 하는지라 / 아라우나가 다윗에게 아뢰되 원하건대 내 주 왕은 좋게 여기시는 대로 취하여 드리소서 번제에 대하여는 소가 있고 땔 나무에 대하여는 마당질 하는 도구와 소의 멍에가 있나이다 / 왕이여 아라우나가 이것을 다 왕께 드리나이다 하고 또 왕께 아뢰되 왕의 하나님 여호와께서 왕을 기쁘게 받으시기를 원하나이다 / 왕이 아라우나에게 이르되 그렇지 아니하다 내가 값을 주고 네게서 사리라 값 없이는 내 하나님 여호와께 번제를 드리지 아니하리라 하고 다윗이 은 오십 세겔로 타작 마당과 소를 사고 / 그 곳에서 여호와를 위하여 제단을 쌓고 번제와 화목제를 드렸더니 이에 여호와께서 그 땅을 위한 기도를 들으시매 이스라엘에게 내리는 재앙이 그쳤더라"

삼하 24:15-25

찬양대원들이여, 매주 드리는 예배가 더 이상 매너리즘에 빠지지 않기 위해 우리는 계속적으로 예배란 무엇이며 하나님이 함께 하시는 예배가 무엇인지에 대해 연구하고 배워야 한다. 오늘 이 말씀은 다윗 왕이 오르난의 타작마당에서 하나님 앞에 제사를 드리며 경험하는 엄청난 역사에 대한 기록이다. 승승장구하던 다윗 왕이 태평성대를 누리고 있던 차에 사단은 다윗 왕으로 하여금 자기가 누리고 있던 평안의 시대가 자신이 소유한 군대의 규모 때문인 것으로 착각하게 만들어 백성 중에 무기를 들 만한 군대의 수를 세어보라는 죄악을 범하게 한다.

그 일은 결국 하나님을 노하시게 만들었고 다윗 왕은 선지자를 통해 전해 들었던 3가지 재앙 중에 한가지인 온역을 선택해야 했다. 그 결과로 이스라엘 민족 중에 7만 명이나 죽게 된다. 그러나 주님의 사랑은 택함 받은 백성을 내버려 두지 않으셨고 다윗 왕으로 하여금 재앙을 멈추게 하는 제단을 쌓도록 하신다. 이 말씀을 통해서 우리는 다윗을 결코 내버려 두지 않으시는 주님의 사랑을 엿보게 된다.

첫째, 재앙을 통해 주님을 향한 다윗의 사랑과 예배자로서의 자세를 온전히 회복시키시는 사랑이다.

하나님의 마음에 합한 사람, 다윗의 삶에 하나님을 향한 사랑이 식어져 있었을 때, 아니 오히려 하나님을 향해 교만한 마음을 가진 다윗 왕을 그냥 내버려 두지 않으시고 찾아오셔서 은혜를 베푸시고, 고난을 통해 그를 회복시키시는 하나님의 사랑은 참으로 아름답다. 그는 왕으로서 얼마든지 아라우나의 제안을 받아드려 그의 이름으로 제사를 드릴 수 있었으나 다윗은 그렇게 하지 않겠다고 하며 대가를 지불하고, 희생을 드리며 제단을 쌓는 초심으로 돌아간다.

그렇다면 오늘날에 사는 우리에게 값을 지불하면서 예배한다는 것은 무엇일까? 이미 예수님이 상하심과 죽으심으로 이 세상 그 어느 것으로도 갚을 수 없는 대가를 지불하셨다. 그렇다면 무엇이 우리의 대가 혹은 값이겠는가? 그것은 바로 주님 앞에 자리를 지키면서 상한 심령과 깨어진 마음으로 주님 앞에 나아가는 것이다. 그것이 신령과 진정이요, 아버지께서 찾으시는 예배이다.

> "여호와는 마음이 상한 자를 가까이 하시고 충심으로 통회하는 자를 구원하시는도다"
>
> 시 34:18

"하나님께서 구하시는 제사는 상한 심령이라 하나님이여 상하고 통회하는 마음을 주께서 멸시하지 아니하시리이다"

시 51:17

둘째, 초심으로 돌아갈 때 우리는 더 이상 예배가 그저 말씀을 통해 은혜를 누리고 위로를 얻는 정도가 아니라 참으로 문제와 저주와 재앙을 멈추게 하고 우리 마음의 제단을 정결케 하는 불이 하늘로부터 떨어지게 되는 귀한 결과를 가져오는 것을 볼 수 있다.

"다윗 왕이 오르난에게 이르되 그렇지 아니하다 내가 반드시 상당한 값으로 사리라 내가 여호와께 드리려고 네 물건을 빼앗지 아니하겠고 값 없이는 번제를 드리지도 아니하리라 하니라 / 그리하여 다윗은 그 자리에서 금 육백 세겔을 달아 오르난에게 주므로 / 다윗이 거기서 여호와를 위하여 제단을 쌓고 번제와 화목제를 드려 여호와께 아뢰었더니 여호와께서 하늘에서부터 번제단 위에 불을 내려 응답하시고"

대상 21:24-26

많은 사람들이 교회를 비난하며 교회를 개혁의 대상으로 보는 이 시대에 진정한 예배의 회복이 있게 하소서. 사람이 만들어 던지는 불이 아닌 하늘에서 떨어지는 불이 우리의 예배가운데 임하게 하소서. 예수님 이름으로 기도합니다.

9. 진정한 예배에 주시는
　　여호와이레의 축복

"이에 아브라함이 종들에게 이르되 너희는 나귀와 함께 여기서 기다리라 내가 아이와 함께 저기 가서 예배하고 우리가 너희에게로 돌아오리라 하고"

창 22:5

창세기 22장 전에는 예배(경배)라는 단어가 성경에 없으며, 단지 "단을 쌓다"라는 말이 있다. 드디어 경배 혹은 예배라는 말이 나오기 시작하는데 창세기 22장에서 놀라운 비밀을 발견하게 된다. 어려움 없이 자연스럽게 자식을 얻은 부모들에게도 자식은 분명 가장 소중한 존재일 것이다. 그러나 자식을 얻기 위해 수십 년을 기다려온 아브라함에게 이삭은 그의 인생에 누구와도 비교할 수 없는 소중한 존재였을 것이다. 그런데 바로 그 이삭을 번제로 바치라는 하나님의 명령은 청천벽력과도 같은 이야기였을 것이다. 그러나 그 명령을 듣자마자 즉시 아침 일찍 일어난 아브라함은 직접 자기 손으로 길을 떠나기 위한 준비를 마치고 2명의 종과 이삭을 데리고 모리아 산으로 향하는데 아마도 성경에 나와 있지 않지만 그 3일은 아브라함에게 가장 길었던 3일의 시간이었을 것이다. 아마도 밤에 이삭은 잠들었으나 그는 잠 못 이루며 주님의 뜻을 헤아리고 또 헤아리며 고민했을 것이다.

창세기 22장에서 첫 번째 배우는 말씀은 바로 아브라함의 인생의 자세이다. 항상 주님 앞에 서 있었던 그의 삶이기에 그는 주님이 말씀하셨을 때 듣고 곧 행하는 사람이었다. 그는 주님이 말씀하시는 것에 철저히 순종하는 삶의 소유자였다. 왜? 항상 주님은 가장 좋은 길로 그리고 선한 길로 인도하신다는 믿음이 있었기 때문이다. 그래서 아들이 번제로 드릴 제물이 어디 있느냐고 물었을 때 그는 주님이 예비하시리라고 대답하였던 것이다.

두 번째 교훈은 아브라함은 하나님을 경외함으로 경배하였다는 것이다. 아브라함이 3일 후 모리아산에 도착하여 사환에게 말하기를 이삭과 경배하고 오리라 했는데 그 심정에서 경배하겠다는 것은 자기의 가장 귀한 것을 내려놓겠다는 것이었으며 산에 올라 이삭을 묶은 뒤 칼을 들고 이삭을 치려고 할 때 하나님께서 그를 말리시고 난 뒤에 "내가 이제야 네가 하나님을 경외하는 줄을 아노라"라고 말씀하신다. 하나님을 경외한다고 입으로 고백하는 삶은 쉬울 수 있다. 그러나 하나님의 인정을 받는 것은 쉽지 않음을 우리는 아브라함의 시험을 통해 알 수 있다. 나는 이런 삶의 자세가 되어 있는가? 그래서 우리는 우리 삶에 어떤 위기가 올 때에도 주님을 신뢰함으로 우리의 염려와 불안함을 내려놓을 수 있겠는가?

셋째로, 주님을 경외하는 삶은 그 자체로 끝나지 않고 여호와이레 하나님을 경험하게 된다. 이삭을 대신할 숫양이 가시덤불에 걸려 있었다.

전적으로 우리의 삶을 드릴 때 우리의 머리카락까지 세고 계신 하나님께서 우리의 필요함을 채워 주시는 것을 경험하게 된다.

  그래서 예배하는 삶과 하나님을 경외하는 삶 그리고 여호와이레는 때려야 뗄 수 없는 관계이다. 사는 날 동안 하나님을 찬양하겠다고 하는 찬양대야 말로 항상 주님 앞에 서있는 자이어야 하며, 또한 항상 주님 앞에 전적인 위탁과 헌신을 드리는 삶 가운데 주님께 인정을 받는 그리고 그러한 삶을 통해 여호와이레의 하나님을 경험하는 삶이되기를 기도한다.

10. 코람데오

"여호와의 눈은 온 땅을 두루 감찰하사 전심으로 자기에게 향하는 자들을 위하여 능력을 베푸시나니 …."

대하 16:9

한 아이가 다른 아이들과 달리기를 한다. 다른 아이들은 다 잘 달리는데 그 아이만 돌에 걸려 넘어진다. 그러자 달리던 일을 다 잊고 아픈 무릎을 붙들고 앉아 울고 만다. 그러다가 문득 아이의 생각 속에 떠오르는 사람이 있었다. 바로 엄마였다. 그리고는 주위를 살펴본다. 어디선가 자기를 바라보고 있는 엄마를 말이다. 그리고는 여전히 자기를 응원하고 있는 엄마의 미소 띤 눈에 힘을 얻고서는 등수에 관계없이 골인 지점을 향해 다시 달린다. 이런 아이의 모습을 상상할 수 있는가?

바로 이 아이와 같이 하나님께서는 항상 하나님께 마음을 향하는 자를 찾으시기 위해 온 세상을 두루 감찰하신다고 하신다. 이것은 바로 예배자들을 향한 하나님의 마음을 말하는 것이다. 어디를 가든 그곳에 계신 주님을 예배하고 주님이 말씀하시는 것에만 오로지 관심이 있는 그런 자들이다. 자기의 능력의 많고 적음보다는 하나님의 능력을 인정하고 선포하는 자들이다. 또한 마치 오랫동안 혈루증을 앓던 여인이 예수님의 옷자락만 잡기만 해도 내가 나으리라는 믿음, 즉 더 이상 다른 치료는 없고 오직 이 길 밖에 없다는 절박한 마음으로 주님께 집중하는 마음의 태도 말이다. 주님은 전심으로 여호와께 나오던 그 여인을 치료하셨다.

또한 전심으로 여호와께 행하는 자들이란 어떤 자들일까? 이런 죄를 짓지 말아야지, 저런 죄를 짓지 말아야지 하며 소극적이고 방어적인 신앙만을 가진 사람들이 아니고 오히려 내가 무엇을 하던지 내가 이 일을 통하여 하나님께 영광을 돌려야겠다고 독한 마음을 먹는 사람들이다. "내가 주를 의뢰하고 적군을 향해 달리며 내 하나님을 의지하고 담을 뛰어넘나이다(시 18:29)"라고 고백하는 시편의 기자와 같이 말이다.

'최선의 방어는 공격'이라는 말을 들어본 적이 있는가? 나는 우리 찬양대가 여호와를 의지하여 적군의 담을 뛰어 넘는 적극적인 자세로 여호와께 영광을 돌리는 자들이 되었으면 한다. 그렇다고 이런 믿음을 소지한 자들이 죄를 짓지 않는 것은 아니다. 우리는 다 연약하여 때론 낙심하고 좌절하기도 하며 죄를 짓기도 한다. 그러나 그 죄로 인하여 거기서 멈춰서는 자들이 아니라 그 즉시로 다시 그리스도의 대속의 은혜를 찬양하며 감사하며 안으로 들어가는 자들이 되어야 하겠다.

11. 항상 은혜 가운데 거하는 삶

"미쁘다 모든 사람이 받을 만한 이 말이여 그리스도 예수께서 죄인을 구원하시려고 세상에 임하셨다 하였도다 죄인 중에 내가 괴수니라"

딤전 1:15

예수님은 이 세상에 오시되 나무랄 것 하나 없는 의로운 사람이나 착한 사람을 구하기 위해서 오신 것이 아니라 바로 여러분과 나 같은 죄인을 구하러 오셨다고 성경은 말씀하신다. 그러면서 사도 바울은 디모데전서 1장 15절 끝부분에서 본인이 죄인 중에 괴수라고 고백을 한다. 아마도 우리 중에 바울보다 자신이 덜 죄인이라고 자신 있게 말할 수 있는 사람은 거의 없을 거라고 생각한다. 바로 그 구절이 바울의 삶을 항상 은혜가 넘치게 하는 비밀이었다.

그 비밀이란 바로 자기가 누구인지를 확실히 아는 자라는 것이다. 그는 자기 자신을 일컬어 죄인 중에 괴수요, 지극히 작은 성도보다 더 작은 자라고 고백하는 자였다. 또한 남을 자기보다 낫게 여기는 겸손한 자였다. 바울은 말로만 그렇게 고백한 것이 아니었고, 온 맘으로 그리고 그의 삶을 통해서 고백하였던 것이다.

또한 주님이 사랑하시던 제자 베드로도 "주는 그리스도시요 살아계신 하나님의 아들이시니이다"라고 고백을 하고 난 후에 바로 하나님의 뜻을 이루고자 하시는 예수님의 앞길을 가로막다가 예수님으로부터 "사단아 내 뒤로 물러가라"는 말을 들었다. 왜 그랬는가? 하나님의 뜻보다는 인간의 뜻을 먼저 생각했기에 예수님을 말린 것이다. 이런 베드로의 모습 속에 우리의 모습을 볼 수 있다. 특별한 집회들을 통해 한 번에 은혜를 받고 변화를 경험하려하는 의도로 하나님의 뜻을 아는 것보다 자신의 인생에 도움을 얻으려고 한다면 받은 은혜의 바닥이 금방 드러나며 그 삶속에서 혈기와 자기주장만이 드러나게 된다. 그러기에 우리는 정말 주님의 은혜가 아니면 하루도 살 수 없다고 고백할 수밖에 없다.

우리가 우리 자신을 알 때 우리는 절대적으로 하나님을 의지할 수밖에 없기 때문이다. 어느 날 이사야 선지자는 하나님의 특별하신 은혜로 하늘나라의 보좌 가운데 행해지던 예배를 경험하게 된다.

"웃시야 왕이 죽던 해에 내가 본즉 주께서 높이 들린 보좌에 앉으셨는데 그 옷자락은 성전에 가득하였고 / 스랍들이 모시고 섰는데 각기 여섯 날개가 있어 그 둘로는 자기의 얼굴을 가리었고 그 둘로는 자기의 발을 가리었고 그 둘로는 날며 / 서로 불러 이르되 거룩하다 거룩하다 거룩하다 만군의 여호와여 그의 영광이 온 땅에 충만하도다 하더라 / 이 같이 화답하는 자의 소리로 말미암아 문지방의 터가 요동하며 성전에 연기가 충만한지라 / 그 때에 내가 말하되 화로다 나여 망하게 되었도다 나는 입술이 부정한 사람이요 나는 입술이 부정한 백성 중에 거주하면서 만군의 여호와이신 왕을 뵈었음이로다 하였더라"

사 6:1-5

진정한 예배 가운데에는 우리의 죄악 된 모습들이 하나님의 빛으로 말미암아 비춰지는 은혜가 있다.

기억하는가? 예수님을 맞닥뜨리던 사마리아 여인의 모습을 말이다. 예수님의 은혜의 빛이 비춰지자 그 여인의 삶은 완전히 달라졌다. 아무도 물을 길어가지 않을 때 사람들을 피해 바닥이 보이는 우물가로 가야만했던 여인의 삶에서 이제는 자유로워져 오히려 사람들로 하여금 예수님께로 나아오게 하는 삶으로 변화되었다. 할렐루야!

평생을 앉은뱅이로 살아가던 사람, 혈루증을 앓던 여인, 우물가의 여인, 세리의 삶을 살던 삭개오, 문둥병자 등 성경을 통해 예수님을 만난 헤아릴 수 없는 등장인물들의 모습이 바로 우리 자신의 모습임을 가르쳐 주시는 것이다. 오늘도 바로 그런 모습을 가진 우리가 상한 마음을 가지고 주님 앞에 예배함으로 나아갈 때 끊임없는 은혜가 부어질 것이다. 오늘도 그런 날이 되기를 기도한다.

12. 복음의 능력 가운데 거하는 삶

"이에 사람을 보내어 블레셋 사람들의 모든 방백을 모으고 이르되 우리가 이스라엘 신의 궤를 어찌하랴 하니 그들이 대답하되 이스라엘 신의 궤를 가드로 옮겨 가라 하므로 이스라엘 신의 궤를 옮겨 갔더니 / 그것을 옮겨 간 후에 여호와의 손이 심히 큰 환난을 그 성읍에 더하사 성읍 사람들의 작은 자와 큰 자를 다 쳐서 독한 종기가 나게 하신지라"

삼상 5:8-9

이스라엘 민족에게 하나님의 궤는 하나님의 임재(사무엘상 5장에 의하면 벧세메스 마을 사람들이 궤 안을 들여다보다가 5만 명 혹은 칠십 인이 죽음을 당했다)를 뜻할 뿐 아니라 모든 전쟁에서 이스라엘에게 놀라운 승리와 능력을 행하시는 것으로 알려져 있었는데 그들의 중심이 하나님으로부터 떠나면서 하나님의 언약궤를 블레셋 사람들에게 빼앗기는 일이 일어났다. 그런데 이스라엘에게 힘과 승리를 주던 그 하나님의 궤가 오히려 블레셋 사람에게는 독종을 일으키는 문제의 궤가 된다.

오늘날 우리의 삶에 적용을 한다면 하나님의 궤는 우리에게 복음으로 해석될 수 있으며 그 복음은 예수그리스도 안에서 살아 있는 능력이 된다. 바울이 그것을 깨닫고 성경을 통해 복음의 능력에 대해서 가르쳐주고 있다. 복음은 믿지 않는 자들에게는 어리석은 것이 되지만 믿는 자들에게는 회개하고 믿음으로 받아들이면 구원을 주시는 하나님의 능력이 되는 것이다. 그래서 예수님은 공생애의 제일 처음에 "회개하라 천국이 가까이 왔다(막1:15)"라고 하시며 회개하고 복음을 받아들이라고 말씀하신 것이다. 우리 안에 계속적인 회개, 즉 죄를 미워하는 마음이 있으면 우리는 계속하여 복음의 능력 가운데 거하는 역사를 경험하게 된다. 회개는 다른 말로 "순종을 회복하는 것"이다. 요즈음 우리를 헷갈리게 하는 것 중 하나가 내적 치유라는 말의 혼동인데 치유 받아야 할 상처와 버려야 할 옛사람과의 차이를 모르고 혼동하는 경우가 있다. 즉 내적 치유를 받아야 할 나의 상처와 내가 버려야 할, 부인해야 할 옛 사람간의 혼란이다.

 인생을 살아가다가 누군가가 나의 인생 혹은 성격의 아킬레스건(자존심이라든지 열등감이라든지)을 건드리면 견디지 못하고 폭발하는 우리의 모습을 본다. 나로 하여금 건강한 자존감을 갖지 못하게 하는 나의 상처가 있다면 그것은 주님 앞에 치유를 간구해야 하지만 주님으로 인한 나의 자존감이 아닌 그 어떤 가치들에게 대해서는 우리는 과감히 내려놓을 수 있어야 한다.

 내려놓음이 우리 인생에 계속되지 않으면 우리는 나도 모르는 사이에 변질되어 상당히 세련되고 교양 있는 종교인이 되고 말뿐 아니라 다른 사람들을 대할 때도 복음 안에서의 가치가 아닌 학위, 가족 배경, 경제력, 평판 등에 기반을 두고 상대방의 가치에 따라 사람들을 대하는 세상의 방식으로 변질되기 십상이다. 또한 그런 자존감과 인생 가치는 언제

든지 무너질 수 있는 모래성이다.

　예수님의 사역을 보면 모래성과 같은 세상의 가치와 상관없이 그분은 자신의 사명에 너무나 투철하셨다. 창녀, 문둥병자, 부자, 가난한 자, 병자들을 모두 똑같이 대하시면서 그들을 돕고 구원하는 것이 그분의 인생의 분명한 사명이었기에 그 누구에게도 차별이 없으셨다. 하늘나라의 능력은 복음(언약궤) 안에서 역사한다. 위대한 약속이다. 우리가 복음의 능력 안에 거하고 싶다면 계속적으로 하나님 앞에 상한 심령으로 나아가야 한다. 이번 주일도 그 상한 심령을 나의 것으로 취하는 귀한 예배를 드릴 수 있기를 기도한다.

13. 성숙한 예배는 그 초점이

　성숙한 예배는 그 초점이 "예배하는 내가" 얼마나 어려운 가운데 있고, 또 내가 얼마만큼 무엇을 느끼고, 무엇을 받고자 하는 가에만 있는 것이 아니고 "하나님"의 마음과 우리의 마음이 만나면서 하나님의 시선과 마음이 어디에 머물고 계신지를 아는 것이다. 그러나 오늘날 많은 사람들이 예배 가운데 나의 필요를 알리고 내가 얼마나 고난을 받고 있는지와 당장 나의 필요를 채워달라는 것에만 매달리는 것으로 멈춰 버린다는 슬픈 현실에 우리는 탄식한다. 출애굽 때에 하나님께서 모세를 통해 바로에게 하신 "나의 백성을 내어보내어 나를 예배하게 하라"(출 9:1)라는 말씀을 보면 궁극적으로 이스라엘 민족에게 주시기 원하시는 삶이 바로 예배인 것을 알게 된다. 그것은 또한 하란을 떠난 후에 아브라함의 삶 가운데 가장 달라진 부분이 바로 그가 단을 쌓고 예배를 드리게 되었다는 것에서도 알 수 있다(창 13:4). 시편 67편을 통해서도 하나님께서 궁극적으로 모든 민족에게 원하시는 것이 바로 찬양과 예배인 것을 알게 된다.

　"하나님은 우리에게 은혜를 베푸사 복을 주시고 그의 얼굴 빛을

우리에게 비추사 (셀라) / 주의 도를 땅 위에, 주의 구원을 모든 나
라에게 알리소서 / 하나님이여 민족들이 주를 찬송하게 하시며 모
든 민족들이 주를 찬송하게 하소서 / 온 백성은 기쁘고 즐겁게 노래
할지니 주는 민족들을 공평히 심판하시며 땅 위의 나라들을 다스리
실것임이니이다 (셀라) / 하나님이여 민족들이 주를 찬송하게 하시
며 모든 민족으로 주를 찬송하게 하소서 / 땅이 그의 소산을 내어 주
었으니 / 하나님 곧 우리 하나님이 우리에게 복을 주시리로다 / 하
나님이 우리에게 복을 주시리니 땅의 모든 끝이 하나님을 경외하리
로다 "

시 63:1-7

나는 우리 찬양대원들이 예배를 통해 우리의 필요와 당장의 충족을 원하는 그런 수준의 예배에 멈추는 것이 아니고 하나님의 시선과 우리의 시선이 마주치는 곳으로 나아가는 예배를 드리게 되기를 소원한다.

Worship이라는 단어가 처음 등장하는 창세기 22장 5절을 보면 아브라함이 이삭을 바치러 가며 종들에게 "너희는 나귀와 함께 여기에 머물러 있거라. 나는 이 아이를 데리고 저리로 가서 예배드리고 오겠다"라고 말한다. 그 말이 나오기 전에는 아브라함이 그냥 "단을 쌓고 여호와의 이름을 불렀더라"라고만 되어 있다. 그러다가 이름만 부르던 그의 예배가 시험을 받는 때를 맞이한다. 주님께서 그의 사랑하시는 친구 아브라함에게 주님이 뜻하시는 예배가 무엇인지 알려주시는 사랑의 절정의 시간 말이다. 주님은 그에게 참된 예배의 의미가 자신의 가장 소중한 것을 주님과 나누는 것임을 가르치려고 하셨다. 아니 오히려 이삭이라는 우상을 붙들고 있던 아브라함 그 자신을 주님의 발 앞에 사랑으로 내려놓는 것임을

가르치시려고 하신 것이다. 그 곳이 바로 십자가이다. 눈물 가득하신 하나님의 사랑과 내려놓는 아브라함의 마음이 나눠지며 교차하는 지점. 이 얼마나 아름다운 하나님과 아브라함의 관계인가? 하나님께서는 한없는 축복을 아브라함에게 주고 싶으셨으나 이삭으로 이미 가득 차버린 아브라함의 두 손을 보여주신 것이다.

  우리가 예배에 들어갈 때 주님의 발 앞에 드려야 할 것이 무엇일까? 예배를 드리기 위해 나아갈 때 우리는 이러한 자세가 되어 있는가. 이삭은 바로 나 자신이다. 여전히 부족하고 연약한 것 투성이인 나의 삶이지만 내가 나 자신을 내려놓을 때 아들을 죽이시기까지 사랑하시는 주님의 음성이 계속해서 우리에게 들리는 감격의 시간들이 우리들의 예배 때마다 함께 하시는 축복을 기다리고 기도한다.

14. 오시옵소서, 성령님!

"오순절 날이 이미 이르매 그들이 다 같이 한 곳에 모였더니 / 홀연히 하늘로부터 급하고 강한 바람 같은 소리가 있어 그들이 앉은 온 집에 가득하며 / 마치 불의 혀처럼 갈라지는 것들이 그들에게 보여 각 사람 위에 하나씩 임하여 있더니 / 그들이 다 성령의 충만함을 받고 성령이 말하게 하심을 따라 다른 언어들로 말하기를 시작하니라 / 그 때에 경건한 유대인들이 천하 각국으로부터 와서 예루살렘에 머물러 있더니 / 이 소리가 나매 큰 무리가 모여 각각 자기의 방언으로 제자들이 말하는 것을 듣고 소동하여 / 다 놀라 신기하게 여겨 이르되 보라 이 말하는 사람들이 다 갈릴리 사람이 아니냐 / 우리가 우리 각 사람이 난 곳 방언으로 듣게 되는 것이 어찌 됨이냐 / 우리는 바대인과 메대인과 엘람인과 또 메소보다미아, 유대와 갑바도기아, 본도와 아시아, / 브루기아와 밤빌리아, 애굽과 및 구레네에 가까운 리비야 여러 지방에 사는 사람들과 로마로부터 온 나그네 곧 유대인과 유대교에 들어온 사람들과 / 그레데인과 아라비아인들이라 우리가 다 우리의 각 언어로 하나님의 큰 일을 말함을 듣는도다 하고 / 다 놀라며 당황하여 서로 이르되 이 어찌 된 일이냐 하며 /

또 어떤 이들은 조롱하여 이르되 그들이 새 술에 취하였다 하더라"

행 2:1-13

이런 상상을 해 본다. 우리 찬양대가 연습하는데 갑자기 우리 가운데 급하고 강한 바람 같은 소리가 있어 온 방안에 가득하며 찬양대원들 위에 불의 혀같이 갈라지는 것이 임하는 것을 보고, 찬양대원들이 노래하는 가사가 각 사람에게 임하는 말씀으로 들리더니 본당에 들어가 예배 때 찬양하는데 그 찬양을 통해 우리교회 성도들 한 사람 한 사람에게 서로 다른 메시지로 들리는 그러한 광경 말이다. 이런 역사가 나타나면 사람들은 우리가 술에 취했다고 말할지도 모른다. 그래서 조금 어려울 수 있지만 그것은 조금도 부담이 되지 않고 오히려 더 강하게 임하셨으면 한다. 그래야 어두운 세상이 주려는 유혹과 낙심들과 근심들, 그리고 죄가 더 이상 우리 심령에 들어오지 못하고 오직 주의 사랑에 메이는 그런 역사만이 일어날 것이다. 우리 가운데 홀연히 임하시는 성령님의 역사를 상상만 하지 않고 기도한다. 우리가 모일 때마다 성령님이 우리 가운데 함께 계시는 것을 기뻐하는 찬양대가 되기를 말이다.

원근 각처에서 모인 찬양대원들이 찬양을 부를 때마다 우리 심령을 만져주시기를 기뻐하시는 성령님, 각 사람의 인생의 짐이 때때로 너무나 무거워 지고 버거워질 때마다 그 짐을 지기를 기뻐하시는 성령님! 환영합니다. 우리 가운데 오셔서 아름다운 역사를 이뤄주시기를 간구하며….

15. 온도계가 아닌 온도 조절계가 되는
인생을 꿈꾸며

인생에 어려움들이 닥칠 때 우리의 심령도 약해져 있다면 참 낭패다. 불경기와 여러 가지 어려운 일들이 우리 주위에 닥칠 때 정말 뭔가 즐거운 일 혹은 기쁜 일이 생기면 참 위로가 된다. 게다가 그 기쁨 혹은 즐거움이 오래 지속될 수 있는 것이라면 더 좋으리라. 성경에는 우리로 그 기쁨을 누리는 길을 말씀하신다.

> "여호와로 인하여 기뻐하는 것이 너희의 힘이니라
> This day is sacred to our Lord. Do not grieve, for the joy of the LORD is your strength"
>
> 느 8:10

새 집과 새 차, 새 오디오, 애완동물 등을 구입해도 느낄 수 있는 흥분과 기쁨은 그리 오래가지 못한다. 그러나 우리를 지으신 자요, 우리의 환란 가운데 피난처요, 항상 우리에게 베스트로 선물해 주시는 하나님을 기뻐하는 것은 결코 다함이 없으며 그것이 바로 우리의 힘이라고 말씀하신다. 같은 문맥의 말씀이 야고보서에 나온다.

"내 형제들아 너희가 여러 가지 시험을 만나거든 온전히 기쁘게 여기라 / 이는 너희 믿음의 시련이 인내를 만들어 내는 줄 너희가 앎이라 / 인내를 온전히 이루라 이는 너희로 온전하고 구비하여 조금도 부족함이 없게 하려 함이라 / 너희 중에 누구든지 지혜가 부족하거든 모든 사람에게 후히 주시고 꾸짖지 아니하시는 하나님께 구하라 그리하면 주시리라 / 오직 믿음으로 구하고 조금도 의심하지 말라 의심하는 자는 마치 바람에 밀려 요동하는 바다 물결 같으니 / 이런 사람은 무엇이든지 주께 얻기를 생각하지 말라 / 두 마음을 품어 모든 일에 정함이 없는 자로다"

약 1:2-8

또 주님을 기뻐하고 우리가 당하는 시험을 오히려 감사하고 기쁘게 여길 수 있는 구체적인 방법은 우리의 마음을 하나님에 대한 찬양과 높임으로 점령하는 것이다.

"내가 평생토록 여호와께 노래하며 내가 살아 있는 동안 내 하나님을 찬양하리로다
I will sing to the LORD all my life; will sing praise to my God as long as I live"

시 104:33

그리고 찬양이 하나님의 진리로 가득 차 있을 때 참으로 두 날 가진 검이 우리 손에 쥐어지는 것이 된다.

> "그들의 입에는 하나님에 대한 찬양이 있고 그들의 손에는 두 날 가진 칼이 있도다
> Let the high praises of God be in their mouth, And a two-edged sword in their hand"
>
> 시 149:6

주일 아침에 우리는 우리로 하여금 침잠하게 만드는 여러 가지 삶의 요소들과 환경을 가지고 있을 수 있다. 그러나 이렇게 다짐하자. 나는 더 이상 수동적으로 날씨가 더우면 올라가고 추우면 내려가는 온도계 인생이 되지 않고 어떤 날씨에도 스스로 온도를 조절하는 온도 조절계 인생이 되어 인생을 끝마치는 날까지 여호와를 기뻐하는 인생, 성도의 인생이 되자고 말이다. 사랑하는 찬양대원들을 생각하며 기도하면서….

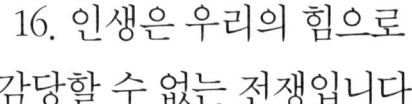

16. 인생은 우리의 힘으로 감당할 수 없는 전쟁입니다.

"다윗이 블레셋 사람에게 이르되 너는 칼과 창과 단창으로 내게 나아 오거니와 나는 만군의 여호와의 이름 곧 네가 모욕하는 이스라엘 군대의 하나님의 이름으로 네게 나아가노라 / 오늘 여호와께서 너를 내 손에 넘기시리니 내가 너를 쳐서 네 목을 베고 블레셋 군대의 시체를 오늘 공중의 새와 땅의 들짐승에게 주어 온 땅으로 이스라엘에 하나님이 계신 줄 알게 하겠고 / 또 여호와의 구원하심이 칼과 창에 있지 아니함을 이 무리에게 알게 하리라 전쟁은 여호와께 속한 것인즉 그가 너희를 우리 손에 넘기시리라 / 블레셋 사람이 일어나 다윗에게로 마주 가까이 올 때에 다윗이 블레셋 사람을 향하여 빨리 달리며 / 손을 주머니에 넣어 돌을 가지고 물매로 던져 블레셋 사람의 이마를 치매 돌이 그의 이마에 박히니 땅에 엎드러지니라 / 다윗이 이같이 물매와 돌로 블레셋 사람을 이기고 그를 쳐죽였으나 자기 손에는 칼이 없었더라"

삼상 17:45-50

나는 이 짧은 인생을 살면서 너무나도 여러 번 나의 힘으로 감당할 수 없는 것이 인생이라는 것을 절감했다. 마치 위에 인용한 말씀에서 이스라엘 민족이 골리앗이라는 해결할 수 없는 상황에 부딪힌 것처럼 말이다.

> "머리에는 놋 투구를 썼고 몸에는 비늘 갑옷을 입었으니 그 갑옷의 무게가 놋 오천 세겔이며 / 그의 다리에는 놋 각반을 쳤고 어깨 사이에는 놋 단창을 메었으니 / 그 창 자루는 베틀 채 같고 창날은 철 육백 세겔이며 방패 든 자가 앞서 행하더라"
>
> 삼상 17:5-7

도저히 우리가 감당할 수 없는 상황이 있게 마련이다. 허점이라고는 찾을 수 없는, 그리고 빠져 나갈 길이라고는 찾을 수 없는 그러한 상황 말이다. 때로 다른 사람에게는 가벼운 것처럼 보일지라도 적어도 나에게는 너무 무겁기만 한 상황도 있다. 그러나 이런 상황은 우리에게 위기인 동시에 기회이고 축복이다. 왜냐면 과연 내가 내 인생을 통해 하나님의 전쟁을 하고 있는지 아니면 나를 위한 전쟁을 하고 있는지를 깨닫게 되는 순간이기 때문이다. 할렐루야!

다윗은 영원에 빗대어서 자신의 인생은 잠시 잠깐이라는 것을 알고 그의 인생 전체를 하나님의 전쟁에 초점을 맞춰 살았던 사람이었다. 그의 인생의 초점은 바로 하나님이었던 것이다.

다윗은 45절에서 "만군의 여호와의 이름 곧 네가 모욕하는 이스라엘 군대의 하나님의 이름으로 네게 나아가노라"라고 고백하고 있다. 그는 홀로 들에서 양을 치다가 만난 사자와 들짐승들을 물리치고 난 뒤에도

"하나님께서 지키셨다"라고 고백하는 아름다운 신앙의 사람이었다. 사실 우리 인생에 당면한 여러 가지 문제들이 우리를 호시탐탐 노리고 있다. 가정에서의 어려움과 여러 가지 관계의 어려움들, 또한 장담할 수 없는 우리의 미래 등이 우리를 끊임없이 염려하도록 만든다.

그러나 하나님은 예배라는 아름다운 끈을 통해 우리가 우리의 인생이 과연 하나님의 전쟁을 하고 있는지 아니면 나의 전쟁을 하고 있는지를 깨닫게 하신다. 이번 주일도 예배를 통해 강력하게 일어서서 다윗처럼 우리의 인생을 막아서며 우리를 위협하는 문제들을 향해 달려 나갈 수 있기를 원한다. 물맷돌을 골리앗의 정수리를 향해 던질 준비를 하며 "만군의 여호와의 이름 곧 네가 모욕하는 이스라엘 군대의 하나님의 이름으로 네게 나아가노라"라고 선포하는 우리 찬양대원들이 되기를 기도한다.

17. 푯대를 향해 달려가는 삶

"내가 이미 얻었다 함도 아니요 온전히 이루었다 함도 아니라 오직 내가 그리스도 예수께 잡힌 바 된 그것을 잡으려고 달려가노라 / 형제들아 나는 아직 내가 잡은 줄로 여기지 아니하고 오직 한 일 즉 뒤에 있는 것은 잊어버리고 앞에 있는 것을 잡으려고 / 푯대를 향하여 그리스도 예수 안에서 하나님이 위에서 부르신 부름의 상을 위하여 달려가노라"

빌 3:12-14

바울은 자기의 삶을 일컬어 달려가는 삶이라고 했다. 그 말의 뜻은 방향이 분명하다는 것이요, 확실한 목표를 가진 삶이라는 것을 말해 준다. 예수님 안에서 분명한 소명을 가지고 확실한 방향으로 달리는, 마치 출애굽에서 가나안으로 달려가는 것과 같은 삶이 바로 바울의 푯대를 향해 달려가는 삶이다. 그 삶은 다른 사람의 부르심과 비교할 필요가 없는 하나님 앞에서 자기 자신을 향한 하나님의 부르심만을 바라보았기에 가능했던 것이다. 우리는 얼마나 남의 눈치와 시선을 의식하는가? 심지어는 우리의 모든 일거수일투족이 다 다른 사람의 눈을 의식하고 행하는 것일 때도 있다. 주여, 자비를 베푸소서.

  출애굽하여 가나안으로 달려갈 때 이스라엘 민족은 전적인 믿음으로 달렸어야 했다. 그러나 그들의 믿음 없음과 불신앙으로 인해 그들은 40여 년이라는 긴 시간 동안 먼 길로 돌아가야만 했다. 하나님만 신뢰하면 고기도 먹고 단물을 마실 수 있었는데 불평하고 원망하며 애굽으로 돌아가는 것이 낫겠다고 했던 그들의 불신앙의 결과가 40년이라는 연단의 시간으로 돌아왔던 것이다.

  가나안으로 가는 그 길에는 여러 가지 도전과 위협이 있었다. 그러나 그러한 상황들 속에 결국 홍해도 갈라지고 요단강도 갈라지는 역사를 경험했다. 오늘 주일 아침, 우리 가운데는 예상치 못한 인생의 장애물로 인해 갑자기 어디로 가야할지 방향 감각을 잃어버리고 깊은 시름 가운데 있는 대원들이 있을 수 있다. 그러나 예상치 못한 우리 인생의 장애물로 인해 낙심하지 말자. 흔들리지 말고 계속해서 가나안 땅을 향한 믿음의 걸음을 걷자. 실수를 했거나 죄를 지었다면 십자가 앞에 나아가자. 더 이상 그런 것으로 인해 좌절하거나 그 자리에 거하지 말고 다시금 가나안을 향해 뛰자. 하나님의 부르심을 향해, 그 푯대를 향해 나아가자.

> "이러므로 우리에게 구름같이 둘러싼 허다한 증인들이 있으니 모든 무거운 것과 얽매이기 쉬운 죄를 벗어 버리고 인내로써 우리 앞에 당한 경주를 하며 / 믿음의 주요 또 온전하게 하시는 이인 예수를 바라보자 그는 그 앞에 있는 기쁨을 위하여 십자가를 참으사 부끄러움을 개의치 아니하시더니 하나님 보좌 우편에 앉으셨느니라"
>
> 히 12:1-2

우리를 구원하시기 위해 십자가에 달리시는 부끄러움을 개의치 않으신 예수님의 사랑이 우리의 예배 가운데 다시금 충만히 임하셔서 자신의 문제 해결하기만을 원하는 수준의 예배자가 아니라 다시금 우리로 하여금 홍해와 요단강을 건너 하나님의 마음을 품게 하실 하나님께 신뢰와 믿음을 보여드리는 예배자들로 설 수 있기를 꿈꾸며….

18. 하나님을 신뢰함으로
결코 낙담하지 않으리

어느 해인가 유난히 어려움으로 답답해하고 눌려 지냈던 날들이 기억난다. 중년의 위기가 왔나 보다 했던 그해였다. 정말 더 갈수 있을까 할 만큼 힘에 부쳐 허덕이던 날들이었다. 벌써 몇 해가 지났다. 아무 일도 없었던 것처럼 말이다.

오래 전 일이지만 어머니가 어려운 상황 가운데서 돌아가시던 그 해에는 나는 아마도 이 상처가 나를 폐인으로 만들지도 모르겠다는 생각을 한 적도 있었다.

세월이 흘러 어느덧 나는 두 아이의 아버지가 되었다. 곰곰이 생각해 보면 하나님의 신실하심에 절로 감사가 나온다. 아무것도 없던 나를 바로 이곳까지 인도하셨고 그리고 이렇게 귀한 동역자들을 옆에 두시는 하나님의 사랑, 진실로 자격이 없는 이에게 베푸시는 오직 그분의 전적인 사랑이다.

혹이라도 우리 찬양대 가운데 버거운 인생의 짐을 지고 허덕이시는 분들이 있을지도 모르겠다.

"한나가 기도하여 이르되 내 마음이 여호와로 말미암아 즐거워하며 내 뿔이 여호와로 말미암아 높아졌으며 내 입이 내 원수들을 향하여 크게 열렸으니 이는 내가 주의 구원으로 말미암아 기뻐함이니이다 / 여호와와 같이 거룩하신 이가 없으시니 이는 주 밖에 다른 이가 없고 우리 하나님 같은 반석도 없으심이니이다 / 심히 교만한 말을 다시 하지 말 것이며 오만한 말을 너희의 입에서 내지 말지어다 여호와는 지식의 하나님이시라 행동을 달아 보시느니라 / 용사의 활은 꺾이고 넘어진 자는 힘으로 띠를 띠도다 / 풍족하던 자들은 양식을 위하여 품을 팔고 주리던 자들은 다시 주리지 아니하도다 전에 임신하지 못하던 자는 일곱을 낳았고 많은 자녀를 둔 자는 쇠약하도다 / 여호와는 죽이기도 하시고 살리기도 하시며 스올에 내리게도 하시고 거기에서 올리기도 하시는도다 / 여호와는 가난하게도 하시고 부하게도 하시며 낮추기도 하시고 높이기도 하시는도다 / 가난한 자를 진토에서 일으키시며 빈궁한 자를 거름더미에서 올리사 귀족들과 함께 앉게 하시며 영광의 자리를 차지하게 하시는도다 땅의 기둥들은 여호와의 것이라 여호와께서 세계를 그것들 위에 세우셨도다 / 그가 그의 거룩한 자들의 발을 지키실 것이요 악인들을 흑암 중에서 잠잠하게 하시리니 힘으로는 이길 사람이 없음이로다 / 여호와를 대적하는 자는 산산이 깨어질 것이라 하늘에서 우레로 그들을 치시리로다 여호와께서 땅 끝까지 심판을 내리시고 자기 왕에게 힘을 주시며 자기의 기름 부음을 받은 자의 뿔을 높이시리로다 하니라"

삼상 2:1-10

택한 자들의 삶의 결론을 가늠하는 것은 결코 현재가 아니라 마지막인 것을 알려 주시는 하나님의 메시지이다. 그러하기에 지금 부한 자들은 결코 그들의 부를 자랑해서는 안 될 것이다. 용사는 그의 힘을 자랑해서는 아니 된다. 무엇을 이뤘다고 결코 자랑해서는 아니 된다. 넘어졌던 자가 다시 힘을 띠고, 주리던 자들이 양식을 얻고, 임신하지 못하던 자들이 자녀를 얻고, 가난한 자를 진토에서 일으키시고, 빈궁하던 자들을 영광의 자리에 앉히겠다고 하시는 주님의 음성이 들리는가? 끝에 가봐야 아는 것이다. 때문에 우리는 지금 당장의 문제로 낙담하고 좌절할 것이 아니고 오히려 주를 바라고 기뻐하며 소망을 품는 것이 필요한 것이다. 하나님은 구하는 것과 생각하는 것에 넘치도록 채우시는 분이시기에 우리는 우울해 하지 않을 수 있다.

"우리 가운데서 역사하시는 능력대로 우리가 구하거나 생각하는 모든 것에 더 넘치도록 능히 하실 이에게 / 교회 안에서와 그리스도 예수 안에서 영광이 대대로 영원무궁하기를 원하노라. 아멘"

엡 3:20-21

주일 예배에 먼저 와 계신 주님께서 우리의 눈을 열어 주를 보게 하시고 우리로 험난한 인생길을 다시금 힘 있게 걷게 하시는 은혜가 있기를 간절히 소원하며….

19. 하나님의 영광이 떠난 함성

"이스라엘은 나가서 블레셋 사람과 싸우려고 에벤에셀 곁에 진 치고 블레셋 사람은 아벡에 진 쳤더니 / 블레셋 사람들이 이스라엘에 대하여 전열을 벌이니라 그 둘이 싸우다가 이스라엘이 블레셋 사람들 앞에서 패하여 그들에게 전쟁에서 죽임을 당한 군사가 사천 명 가량이라 / 백성이 진영으로 돌아오매 이스라엘 장로들이 이르되 여호와께서 어찌하여 우리에게 오늘 블레셋 사람 앞에 패하게 하셨는고 여호와의 언약궤를 실로에서 우리에게로 가져다가 우리 중에 있게 하여 그것으로 우리를 우리 원수들의 손에서 구원하게 하자 하니 / 이에 백성이 실로에 사람을 보내어 그룹 사이에 계신 만군의 여호와의 언약궤를 거기서 가져왔고 엘리의 두 아들 홉니와 비느하스는 하나님의 언약궤와 함께 거기 있었더라 / 여호와의 언약궤가 진영에 들어올 때에 온 이스라엘이 큰 소리로 외치매 땅이 울린지라 / 블레셋 사람이 그 외치는 소리를 듣고 이르되 히브리 진영에서 큰 소리로 외침은 어찌 됨이냐 하다가 여호와의 궤가 진영에 들어온 줄을 깨달은지라 / 블레셋 사람이 두려워하여 이르되 신이 진영에 이르렀도다 하고 또 이르되 우리에게 화로다 전날에는 이런 일이 없었도다 / 우리에게 화로다 누가 우리를 이 능한 신들의 손에서 건지리요 그들은 광야에서 여러가지 재앙으로 애굽인을 친 신들이니라 / 너희 블레셋 사람들아 강하게 되며 대장부가 되라 너희가 히브리 사람의 종이 되기를 그들이 너희의 종이 되었던 것 같이 되지 말고 대장부 같이 되어 싸우라 하고 / 블레셋 사람이 쳤더니 이스라엘이 패하여 각기 장막으로 도망하였고 살륙이 심히 커서 이스라엘 보병의 엎드러진 자가 삼만 명이었으며 / 하나님의 궤는 빼앗겼고 엘리의 두 아들 홉니와 비느하스는 죽임을 당하였더라"

삼상 4:1-11

이 말씀에서 이스라엘과 블레셋이 전쟁을 하는 장면이 나온다. 이스라엘은 사천 명 가량의 군사가 사망하자 당황하며 전쟁의 실패가 하나님의 언약궤가 그들과 함께 하지 않았기 때문이라고 생각하여 실로에서 언약궤를 가지고 온다. 문제는 하나님이 원하시는 예배(제사)를 저버린 자신들의 모습을 보지 못하고 하나님과의 관계보다는 축복의 주문을 외우듯 언약궤만 바라보았다는 것이다. 그들은 그 전쟁에서 오히려 삼만이라는 군사가 더 죽게 되는 비극을 경험한다. 중심이 드러지지 않은 이스라엘에게 언약궤는 아무런 힘을 발휘하지 못한다. 마치 머리털이 다 잘려 힘을 잃은 삼손처럼 말이다.

더욱이 엘리 제사장은 자기의 아들들이 전쟁에서 죽었다는 소식을 듣고 놀라 넘어지면서 목뼈가 부러져 죽고 그의 며느리는 아이를 낳다가 죽으면서 그 아이의 이름을 이가봇(하나님의 영광이 떠났다)이라고 짓는다.

> "이르기를 영광이 이스라엘에서 떠났다 하고 아이 이름을 이가봇이라 하였으니 하나님의 궤가 빼앗겼고 그의 시아버지와 남편이 죽었기 때문이며 / 또 이르기를 하나님의 궤를 빼앗겼으므로 영광이 이스라엘에서 떠났다 하였더라"
>
> 삼상 4:21-22

우리는 찬양 사역을 하며 주님의 몸된 교회를 섬긴다. 때문에 우리는 성경에 나오는 찬양과 예배에 대한 말씀을 잘 살펴 우리들이 참되고 올바르게 하나님을 찬양하고 예배하는 삶으로 나아가도록 노력해야 한다. 그러지 않을 때 우리는 곧바로 중심을 잃어버린 찬양대가 되기 쉽다. 예배가 변질된 이스라엘에 계속하여 재앙이 닥침을 본다. 더더욱 우리를 슬프게 하는 모습은 전쟁에 패하던 이스라엘이 자기의 중심을 들여다보지 않고 마치 마술의 주문을 외우듯 언약궤가 들어오자 함성을 지른다. 그들은 아마도 그 분위기에 도취되었었는지도 모르겠다. 그러나 하나님은 그 함성에 응답하시지 않는다. 이스라엘은 오히려 삼만 명의 군사가 죽는 더 끔찍한 비극을 경험해야만 했다.

※

오 하나님, 저와 우리 찬양대의 중심에 오소서. 그리고 우리를 불쌍히 여기사 우리의 중심이 오늘 주일 예배를 통해 주님 앞에 드려지게 하시고, 전쟁을 이기기보다 중심을 먼저 회복하는 자 되게 하소서. 이 세상 그 무엇보다 먼저 주님의 나라와 그 의를 구하는 자로 축복하소서. 예수님의 이름으로 기도합니다. 아멘.

20. 혼돈의 세상에서 우리로 하여금
힘 있게 살게 하는 예배

"서기관 중 한 사람이 그들이 변론하는 것을 듣고 예수께서 잘 대답하신 줄을 알고 나아와 묻되 모든 계명 중에 첫째가 무엇이니이까 / 예수께서 대답하시되 첫째는 이것이니 이스라엘아 들으라 주 곧 우리 하나님은 유일한 주시라 / 네 마음을 다하고 목숨을 다하고 뜻을 다하고 힘을 다하여 주 너의 하나님을 사랑하라 하신 것이요 / 둘째는 이것이니 네 이웃을 네 자신과 같이 사랑하라 하신 것이라 이보다 더 큰 계명이 없느니라 / 서기관이 이르되 선생님이여 옳소이다 하나님은 한 분이시요 그 외에 다른 이가 없다 하신 말씀이 참이니이다 / 또 마음을 다하고 지혜를 다하고 힘을 다하여 하나님을 사랑하는 것과 또 이웃을 자기 자신과 같이 사랑하는 것이 전체로 드리는 모든 번제물과 기타 제물보다 나으니이다"

막 12:28-33

오늘날을 정보의 시대라고 말하며 그 정보의 양은 가히 홍수와 같다고 해도 과언이 아니다. 그만큼 하루 새에도 많은 설과 이론들이 쏟아져 나오고, 컴퓨터를 통해 인터넷을 조금만 뒤져 봐도 얼마나 많은 정보들이 돌아다니는지 알 수 없다. 동시에 이 시대는 혼돈의 시대로 이 세상에 절대적인 진리는 없으며 모든 가치는 상대적으로 결정되는 것이라고 말한다. 성경과 같은 절대적 진리는 이미 여러 가지 선택할 수 있는 가치 중에 하나가 되어 버렸다.

이런 혼돈의 세상을 이기는 길은 유일하시고 참되신 하나님을 믿고 그분을 전적으로 사랑하는 것이다. 이 세상에서 우리 인생을 참되게 만족시킬 수 있는 분은 오직 하나님 한 분이시기 때문이다. 그러나 우리는 너무 자주 하나님이 아닌 다른 것들로 인생을 만족시키려는 유혹에 빠지곤 한다.

편리함이라는 유혹은 이미 우리 삶 주위에 펼쳐져 있다. 사람들이 만든 인조 호수와 해변을 들어본 적이 있는가? 정말 착각을 일으킬 만큼 대단한 기술들로 만들어져 진짜인지 가짜인지 분간이 안 될 만큼 정교하게 만들어져 있다. 하긴 인조 눈까지 만들어 내 스키를 타게 하는 세상이니 그 기술이야 더 말해 무엇하겠는가? 고국에 갈 때마다 공기 오염과 지하자원 오염이 심한 것을 느끼면서도 나 역시도 워낙 편리하게 만든 주거 공간과 시설 등으로 자연의 파괴를 별로 중요하지 않게 생각하게 될 때도 있다. 또한 세상은 우리로 하여금 더욱 더 Instant gratification(일시적이고 즉각적인 만족)에 물들게 하고 그것에 익숙하게 만들어서 우리가 인내하는 것을 못 견디게 만들고 있다.

이런 세상에 과연 우리 인간은 하나님을 진정으로 필요로 하는가? 라는 질문을 해보게 된다. 물질적인 풍요와 과학 기술의 발달이 역사의 그 어느 때보다 앞서 있는 시대임에도 불구하고 여전히 세상은 전쟁 가운데 있고 동성 간의 결혼이 정상적인 삶의 모습 중에 하나로 자리 잡고 처처에 지진과 문제들이 일어나면서 인간의 가장 깊은 심연의 영성은 그 어느 때보다 고갈되어져 있음을 누구나 느낀다.

예수님은 위에 인용한 말씀 속에서 유일하신 참 하나님을 이 세상 그 무엇보다도 사랑하라고 하신다. 이 혼돈된 세상에서 축복의 삶을 사는 길은 창조주 하나님을 마음을 다해, 목숨을 다해, 뜻을 다해, 그리고 힘을 다해 사랑하는 것이다. 그리할 때 우리는 하나님이 공급하시는 사랑으로 남편과 아내로서, 부모와 자녀로서, 친구와 친구로서 온전한 사랑을 누릴 수 있게 될 것이다.

열정적인 인생을 사는 사람은 참 복된 사람이다. 그러나 그 열정이 우리의 열정에 아무런 응답도 하지 않는 우상에게 향한 것이 아닌 아름다우신 하나님, 창조주 하나님, 구원자 하나님, 우리 삶의 진정한 주인되신 하나님께 향한 사람은 정말 이 세상에서 가장 복된 사람이다.

나는 내 호흡이 다하는 그날까지 하나님을 사랑하는 이런 열망으로 살았으면 좋겠다. 그렇지 않으면 우리 모두는 우리 안의 죄의 본성으로 인해 방자히 행한다고 성경은 말한다.

> "묵시가 없으면 백성이 방자히 행하거니와 율법을 지키는 자는 복이 있느니라
>
> When people do not accept divine guidance, they run wild. But whoever obeys the law is"
>
> 잠 29:18

하나님을 사랑하는 길은 우리로 하여금 헛된 우상을 멀리하게 하고, 우리를 궁극적으로 멸망하게 하는 길에서 벗어나게 한다.

하나님, 이 주일 아침에 우리로 하나님과 깊은 사랑에 빠지게 하옵소서. 그리고 끝이라고는 찾아볼 수 없는 하나님의 아름다운 성품에 우리가 눈멀게 하옵소서. 예수님의 이름으로 기도합니다. 아멘

21. 화목케 하는 사명자들을
기다리시는 하나님

"그리스도의 사랑이 우리를 강권하시는도다 우리가 생각하건대 한 사람이 모든 사람을 대신하여 죽었은즉 모든 사람이 죽은 것이라 / 그가 모든 사람을 대신하여 죽으심은 살아 있는 자들로 하여금 다시는 그들 자신을 위하여 살지 않고 오직 그들을 대신하여 죽었다가 다시 살아나신 이를 위하여 살게 하려 함이라 / 그러므로 우리가 이제부터는 어떤 사람도 육신을 따라 알지 아니하노라 비록 우리가 그리스도도 육신을 따라 알았으나 이제부터는 그같이 알지 아니하노라 / 그런즉 누구든지 그리스도 안에 있으면 새로운 피조물이라 이전 것은 지나갔으니 보라 새 것이 되었도다 / 모든 것이 하나님께로서 났으며 그가 그리스도로 말미암아 우리를 자기와 화목하게 하시고 또 우리에게 화목하게 하는 직분을 주셨으니 / 곧 하나님께서 그리스도 안에 계시사 세상을 자기와 화목하게 하시며 그들의 죄를 그들에게 돌리지 아니하시고 화목하게 하는 말씀을 우리에게 부탁하셨느니라 / 그러므로 우리가 그리스도를 대신하여 사신이 되어 하나님이 우리를 통하여 너희를 권면하시는 것 같이 그리스도를

대신하여 간청하노니 너희는 하나님과 화목하라 / 하나님이 죄를
알지도 못하신 이를 우리를 대신하여 죄로 삼으신 것은 우리로 하
여금 그 안에서 하나님의 의가 되게 하려 하심이라"

고후 5:14-21

  찬양의 삶을 우리는 두 가지로 생각할 수 있다. 찬양을 드리는 삶과 찬양이 되는 삶이다. 또한 두 가지 요소가 우리의 삶에서 조화를 이룰 때 비로소 우리는 이사야 43장 21절의 '이 백성은 내가 나를 위해 지었나니 나의 찬송을 부르게 하려함이니라' 라는 말씀을 순종하게 되는 것이다. 이 찬양의 삶은 그저 음악적인 찬양을 올려드리는 의전적인 의미에서의 찬양이 아니고 하나님과의 관계에서 먼저 태동하는 찬양인 것을 기억해야 한다.

  이는 우리에게 먼저 사랑을 주셨기에 그 결과로 우리에게서 나오게 되는 감사의 찬양인 것이다. 사망과 죄의 권세에 잡혀 인생의 목적을 모른 채 살아가던 우리의 삶에 하나님이 이해할 수 없는 사랑으로 당신의 아들을 죄로 삼으시고 우리를 대신해 십자가에 매달리게 하신 기이한 사랑으로 인해 우리의 삶에 찬양이 꽃피기 시작한 것이다. 할렐루야.

  이 아름다운 화해의 역사를 경험한 우리에게 하나님이 맡기시는 귀한 사랑의 사역 중에 하나는 바로 우리가 받은 사랑으로 화해의 사역을 감당하는 것이다.

  "곧 하나님께서 그리스도 안에 계시사 세상을 자기와 화목하게 하시며 그들의 죄를 그들에게 돌리지 아니하시고 화목하게 하는 말

씀을 우리에게 부탁하셨느니라"

고후 5:19

이 화해는 세상에서 말하는 "X이 무서워서 피하냐, 더러워서 피하지" 혹은 "에라이 한번 X 밟았다고 하자" 혹은 "이번에는 그냥 이렇게 가고 다음에는…" 등의 마지못해 하는 그러한 화해가 아니고 바로 "사람의 인생을 변화시키는 화해" 인 것이다. 나는 예수님을 만나면서 삶이 변했다. 그리고 지금도 변하고 있다. 여전히 부족하고 실수하고 죄를 지을 때도 있고 연약하여 자빠지곤 하지만 말이다.

우리가 화해할 때 우리도 모르는 사이에 전 우주에 펼쳐진 하나님의 몸, 성전을 이뤄가고 있다는 것은 참으로 놀라운 사실이다.

"너희는 사도들과 선지자들의 터 위에 세우심을 입은 자라 그리스도 예수께서 친히 모퉁잇돌이 되셨느니라 / 그의 안에서 건물마다 서로 연결하여 주 안에서 성전이 되어 가고"

엡2:20-21

우리는 하나님의 일을 한다고 말은 하면서도 깊이 들어가 보면 어느덧 우리의 소원 성취를 위해 하나님을 이용하고 있는 간사한 모습을 보게 된다. 예를 들어 때때로 우리 지휘자들은 찬양대를 통해 자기를 과시하고 싶어 하기도 하고 혹은 교인들은 복음보다 자기가 다니는 교회의 교세를 자랑하는 어리석음에 빠지기도 한다. 나는 나 자신이 그런 불쌍한 인생이 되지 않기를 소원한다. 이번 주일도 우리 모두에게 화목의 소명을 주신 주님이 놀랍게 드러나시는 주일 예배가 되기를 꿈꾸어 본다.

22. 가나 혼인 잔치 속에 보이는 예배의 비밀들

요한복음 2장에 보면 혼인 잔치를 귀히 여기신 예수님을 볼 수 있는데 그 속에서 우리는 또 다른 예배에 대한 교훈을 볼 수 있다.

예수님을 잉태하기 전에 이미 천사장의 예고로 하나님의 아들, 예수님에 대해 알고 있던 마리아는 포도주가 모자라자 하인들에게 예수님의 지시를 따르라고 종들에게 부탁한다. 왜냐면 예수님이 바로 하나님의 아들이심을 알고 있었고 또한 예수님이 얼마든지 해결하실 수 있는 분이라는 것을 믿었기 때문이다.

> "그 어머니가 하인들에게 이르되 너희에게 무슨 말씀을 하시든지 그대로 하라 하니라"
>
> 요 2:5

첫째로 나타나는 예배의 모습은 "눈을 주님께 고정하는 것"이다. 즉 눈을 들어 주님을 바라보는 것 말이다.

시편 121편에서는 "내가 산을 향하여 눈을 들리라 나의 도움이 천지를 지으신 주님께로부터" 라고 고백한다.

즉 끊임없이 눈을 드는 것이 예배의 모습이다. 문제를 바라보지 않고 능력의 주님을 바라보는 것은 아무나 할 수 있는 것이 아니다. 주님을 알고 그 능력을 믿는 자들에게만 주어진 축복인 것이다. 어려움만 묵상하던 것을 멈추고 주님의 능력을 묵상하는 자가 예배하는 자이다.

둘째로, 주님의 시간을 우리 시간에 맞추려 하지 말고 주님의 시간을 믿음으로 기다리는 것이다.

주님은 4절에서 "여자여 나와 무슨 상관이 있나이까 내 때가 아직 이르지 아니하였나이다" 라고 하셨다(한국어 성경은 그대로 읽으면 어머니를 여인이라고 부르는 것으로 이해되면서 당황스럽게 할 수 있다. 그러나 원문은 여인을 높여 부르는 것으로 되어 있다). 그 후에 곧 주님의 일을 하셨다. 우리는 삶을 살면서 우리가 바라는 것들이 우리가 바라고 생각하는 그 시간에 이뤄지기를 바라며 안절부절 안타까워한다. 그러나 예배하는 자는 주님의 눈동자만을 바라보면서 그분을 신뢰하고 그분의 시간에 이뤄지도록 찬양하고 예배한다. 주님의 시간이 가장 좋은 시간임을 믿기에 예배하며 주님의 시간을 기다리는 것이다. 주님의 시간에, (내가 원하는 시간이 아닌) 주님의 시간에 주님은 모든 것을 아름답게 만드십니다.

셋째로, 그 다음에 찾아볼 수 있는 예배의 모습은 물을 채워 넣는 일이다. 즉 주님이 하라고 하시는 것, 우리가 가진 것 중에서 우리가 할 수 있는 최선의 것을 가지고 계속 주님께 눈을 떼지 않는 예배의 모습 말이다.

기도만 하고, 혹은 바라기만 하고 자기가 해야 하는 것을 방치하는 삶은 예배자의 삶이 아니다. 우리를 동역자로 부르신 그 하나님의 말씀을 기억하고 나의 최선의 것을 드리는 것은 참으로 귀한 일이다.

> "우리는 그가 만드신 바라 그리스도 예수 안에서 선한 일을 위하여 지으심을 받은 자니 이 일은 하나님이 전에 예비하사 우리로 그 가운데서 행하게 하려 하심이니라"
>
> 엡 2:10

즉 나의 오병이어를 드리는 작업이 예배의 한 부분인 것이다. 또한 물은 평범한 것을 의미한다. 그러나 그 평범한 것을 주님께 드릴 때에 가장 좋은 포도주가 나왔다는 것을 통해서 그 장소에서 가장 적합한 것, 그때에 가장 필요했던 것, 또한 그러므로 사람들을 축복할 수 있는 것, 기쁨을 줄 수 있는 것을 우리에게 주실 것을 기대할 수 있다.

마지막으로, 믿음의 발걸음이 필요하다. 우리 교회의 주일, 특별 절기 등등의 예배 순서를 짜며 항상 기도하는 내용 중에 하나가 "하나님! 무언가 멋있는 것을 보여주려고 하는 우리의 본성을 막아주시고 주님을 사랑하고 성도들을 사랑하기 때문에 주님 앞에 예배를 위한 지혜를 구하는 자들이 되게 하소서" 이다. 이렇게 사랑으로 준비하여 주님의 발 앞에 올려놓을 때, 그 물을 바꾸시는 하나님의 역사가 항상 기대가 되고 감사하다. 그러나 사람들이 그 포도주의 맛을 알기 위해서는 누군가가 믿음의 발걸음을 걸어야한다. 나는 그런 사람이 되고 싶다. 믿음으로 걷는 사람 말이다. 이런 삶을 사는 자들에게 따라오는 축복이 다음 구절에 나온다.

"예수께서 이 첫 표적을 갈릴리 가나에서 행하여 그의 영광을 나타내시매 제자들이 그를 믿으니라"

요 2:11

오 하나님, 우리의 예배 가운데 오셔서 이런 기적을 행해주옵소서. 그리고 그 축복으로 말미암아 오늘 우리 교회에 참석하는 사람들이 주님을 믿는 역사가 충만하게 하옵소서.

가나의 혼인 잔치에 보인 예배의 비밀들을 감사하며….

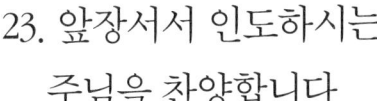

23. 앞장서서 인도하시는
주님을 찬양합니다

훈련된 찬양과 예배 사역자들을 통해서 그 교회의 예배와 찬양의 흐름을 파악하고 그에 맞는 찬양과 예배의 요소들을 연구하고 기획하여 성도들이 하나님께 더욱 깊이 나아갈 수 있게 한다면 그 것은 참으로 귀한 축복이 아닐 수 없다. 몇 년 전에 남가주 사랑의 교회의 2대 담임목사님으로 오시기로 되었던 분이 오시지 않는 당황스런 상황 가운데 있을 때였다. LA를 향해 혼자서 운전을 하던 중에 Transition(1대에서 2대로 넘어가는 과정) 교회를 생각하고 기도하면서 "이럴 때에 필요한 찬양이 어떤 찬양일까?"라고 스스로 질문해 보았다. 지금 우리 교회에 "주님이 말씀하시는 내용"들을 담으면서도 "우리 교인들의 음악적 취향의 옷을 입은 찬양을" 작곡하는 것도 주님이 기뻐하시지 않겠는가? 라는 생각이 들었다. 즉 회중들로 하여금 그들의 믿음을 일으키고 마음을 하나로 모아 주는 찬양이면 좋으리라는 생각으로 일을 벌였다.

하나님의 많은 성품 중에 지금 우리 교회에 가장 필요한 것이 무엇일까 기도하며 여러 성경 구절을 대하는데 하나님의 이름들 중에 "앞서 행하시는 주님"이라는 말씀이 눈에 띄었다. 그는 실로 우리의 필요를 아시는 분이시며 우리보다 먼저 행하시면서 우리를 통하여 주님의 몸이 된 교회를 친히 세워가는 분이시다.

"하늘의 하나님 여호와께서 나를 내 아버지의 집과 내 고향 땅에서 떠나게 하시고 내게 말씀하시며 내게 맹세하여 이르시기를 이 땅을 네 씨에게 주리라 하셨으니 그가 그 사자를 너보다 앞서 보내실지라 네가 거기서 내 아들을 위하여 아내를 택할지니라"

창 24:7

"내가 사자를 네 앞서 보내어 길에서 너를 보호하여 너를 내가 예비한 곳에 이르게 하리니"

출23:20

"내 사자가 네 앞서 가서 너를 아모리 사람과 헷 사람과 브리스 사람과 가나안 사람과 히위 사람과 여부스 사람에게로 인도하고 나는 그들을 끊으리니"

출 23:23

"내가 내 위엄을 네 앞서 보내어 네가 이를 곳의 모든 백성을 물리치고 네 모든 원수들이 네게 등을 돌려 도망가게 할 것이며"

출 23:27

"내가 사자를 너보다 앞서 보내어 가나안 사람과 아모리 사람과 헷 사람과 브리스 사람과 히위 사람과 여부스 사람을 쫓아내고"

출 33:2

"너희보다 먼저 가시는 너희의 하나님 여호와께서 애굽에서 너희를 위하여 너희 목전에서 모든 일을 행하신것 같이 이제도 너희를 위하여 싸우실 것이며"

신 1:30

"앞서 행하시는 분"은 당신의 사자를 우리보다 먼저 보내시면서 우리의 길을 보호하시고 인도하시는 하나님이시다. 바로 우리의 하나님을 찬양하자. 우리에게 영광의 본체이신 예수 그리스도를 주신 아버지 하나님께서 우리 교회의 앞날을 위해 그의 영광을 다시 한 번 보여 주실 것이다.

24. 열두 광주리 가득히 차고도 넘치는 예배

"예수께서 산에 오르사 제자들과 함께 거기 앉으시니 / 마침 유대인의 명절인 유월절이 가까운지라 / 예수께서 눈을 들어 큰 무리가 자기에게로 오는 것을 보시고 빌립에게 이르시되 우리가 어디서 떡을 사서 이 사람들을 먹이겠느냐 하시니 / 이렇게 말씀하심은 친히 어떻게 하실지를 아시고 빌립을 시험하고자 하심이라 / 빌립이 대답하되 각 사람으로 조금씩 받게 할지라도 이백 데나리온의 떡이 부족하리이다 / 제자 중 하나 곧 시몬 베드로의 형제 안드레가 예수께 여짜오되 / 여기 한 아이가 있어 보리떡 다섯 개와 물고기 두 마리를 가지고 있나이다 그러나 그것이 이 많은 사람에게 얼마나 되겠사옵나이까 / 예수께서 이르시되 이 사람들로 앉게 하라 하시니 그 곳에 잔디가 많은지라 사람들이 앉으니 수가 오천 명쯤 되더라 / 예수께서 떡을 가져 축사하신 후에 앉은 자들에게 나눠 주시고 물고기도 그렇게 그들의 원대로 주시니라 / 그들이 배부른 후에 예수께서 제자들에게 이르시되 남은 조각을 거두고 버리는 것이 없게 하라 하시므로 / 이에 거두니 보리떡 다섯 개로 먹고 남은 조각이 열두 바구니에 찼더라 / 그 사람들이 예수께서 행하신 이 표적을 보고 말하되 이는 참으로 세상에 오실 그 선지자라 하더라 / 그러므로 예수께서 그들이 와서 자기를 억지로 붙들어 임금으로 삼으려는 줄 아시고 다시 혼자 산으로 떠나가시니라"

요 6:3-15

우리 모두가 다 잘 알고 있는 오병이어가 나오는 구절이다. 이 구절들에서 예수님을 따르는 자들의 3가지의 모습을 볼 수 있다.

첫째, 여전히 자기의 필요만을 챙기는 사람들이다.

때론 찬양대의 어떤 섬김의 자리를 놓고 형제자매들에게 부탁을 해보곤 한다. 그러나 여지없이 그리고 어김없이 나오는 대답은 "제가 뭘 할 줄 아나요?" "그래서 못합니다"라는 말이 이어진다. 정작 하나님이 부르실 때 자기의 오병이어를 내놓지 못하는 사람은 기적을 체험할 수 없는 사람이 된다. 하나님께서는 우리를 부르실 때 우리의 가진 것만 보시고 부르시는 분이 아니시다. 우리에게 사역을 주실 때는 그 일을 감당할 수 있는 능력까지 공급하시는 신실하신 하나님이시다. 형제자매들이여, 주님이 부를 실 때, 오병이어를 바치는 심정으로 응답하도록 하자.

둘째, 기적을 체험하나 거기서 머무는 사람들이다.

즉 본문에서 예수님을 왕으로 삼으려고 하는 자들이다. 하나님의 뜻에는 관심이 없고 주님의 능력을 체험하고서는 자기의 뜻대로 주님의 능력을 사용하려고 하는 사람들이다.

> "그 사람들이 예수께서 행하신 이 표적을 보고 말하되 이는 참으로 세상에 오실 그 선지자라 하더라 / 그러므로 예수께서 그들이 와서 자기를 억지로 붙들어 임금으로 삼으려는 줄 아시고 다시 혼자 산으로 떠나 가시니라"
>
> 요 6:14-15

나를 포함한 많은 그리스도인들이 이 단계에서 머무는 것을 보게 된다. 그러나 그 결과는 '주님이 혼자 산으로 가시니라' 이다. 아마도 내가 항상 가장 고민하고 조심해야 할 부분 중 하나가 바로 이 부분이 아닌가 생각된다. 예수를 믿는다는 것조차도 나의 명예와 사회적 위치를 위한 하나의 계급장으로 전락해 버리는 상태가 되지 않기를 원하기 때문이다. 혹은 주님이 주신 위치와 명예를 가지고 나의 욕심을 이루고자 하려는 사람일 수도 있다. 분명히 주님의 역사를 체험했음에도 불구하고 여전히 나의 욕심과 야망을 위해 주님이 존재하는 상태에 머무는 상태이다. 이런 자들은 결정적인 때, 즉 헌신과 희생이 필요할 때 항상 "I am not sure…." 혹은 "No!"라고 대답하는 자들이다.

셋째, 주님의 마음을 아는 자들이다.
그 기적조차도 왜 행하시는지를 생각하는 자들이다. 그리고 그 기적에 머물지 않고 그 기적을 인하여 힘을 얻고 주님이 부르신 그 부르심을 계속해서 좇는 자들이다. 분명히 많은 사람들이 오병이어의 기적의 자리에 있었으나 결국에는 자기를 부인하고 십자가를 지고 좇은 사람들은 몇 되지 않았다.

"무리와 제자들을 불러 이르시되 누구든지 나를 따라오려거든 자기를 부인하고 자기 십자가를 지고 나를 따를 것이니라 / 누구든지 자기 목숨을 구원하고자 하면 잃을 것이요 누구든지 나와 복음을 위하여 자기 목숨을 잃으면 구원하리라"

막 8:34-35

우리가 우리의 가진 것을 복음을 위해 드릴 때 우리는 계속하여 열두 광주리가 가득 차게 되는 기적을 체험하게 될 것이다. 예배는 계속하여 주님께 나가는 것이며 있는 모습 그대로 나갈 때마다 우리의 광주리 모두를 채우실 주님을 오늘도 기대한다.

왜 그토록 우리를 사랑하신 것일까? 기적 중의 기적은 5천 명을 먹이고도 남은 빵과 물고기보다도 더 많은 셀 수 없는 죄와 허물을 가진 우리를 여전히 사랑하시는 것이요, 그토록 은혜와 사랑을 받고도 여전히 배신하는 우리를 지금도 사랑하시는 그 사랑이리라. 오늘도 우리의 오병이어를 주님께 드리는 삶이 되길 기도한다.

25. 부서지고 상한 심령을 향한 하나님의 마음

"주께서는 제사를 기뻐하지 아니하시나니 그렇지 아니하면 내가 드렸을 것이라 주는 번제를 기뻐하지 아니하시나이다 / 하나님께서 구하시는 제사는 상한 심령이라 하나님이여 상하고 통회하는 마음을 주께서 멸시하지 아니하시리이다"

시 51:16-17

이 말씀을 다른 말로 한다면 '하나님은 기가 막힌 화려한 예배를 찾으시는 것이 아니고 부서지고 상한 영혼을 찾으신다' 라고 할 수 있다.

하나님의 아름다운 임재는 바로 이렇게 낮아지고 상한 영혼 위에 임하는 것이다. 성령님을 통해 하나님의 임재를 체험하는 길은 인간이 만드는 어떤 종교적 관념이 아니고 분명히 상한 심령이라고 말씀하십니다. 우리의 지성은 하나님의 거룩한 방문에 반응할 수 없을 만큼 제한되어 있기 때문에 지성을 넘어서 가난한 영혼의 영역에 채워지는 것이다.

또한 예배를 연구하면서 깨닫게 되는 중요한 기본 개념은 예배는 우리에게 주신 하나님의 선물이지 우리가 하나님께 드리는 그 어떤 것이 아니라는 것이다. 하나님이 뭔가 부족하셔서 우리로 하여금 예배를 드리도록 하시는 것이 아니고 예배는 우리를 주님의 풍성함 가운데 거하도록 연결하는 아름다운 끈이라고 이해하면 좋을 것이다.

영어의 mind와 spirit은 거의 같은 개념으로 이해되는 것이 일반적이지만 사실 영어의 in spirit과 같은 단어는 heart이다. 그리고 진정이라는 말, 즉 in truth는 보다 적극적인 지성의 참여와 분별을 뜻한다. 즉 진리를 이해하는 우리의 mind의 참여인 것이다. 그러나 그것은 성경에서도 신령(In spirit) 다음으로 나오는 두 번째 개념이요, 동시에 충만한 영적인 상태에 따라오는 개념으로서의 이해인 것이다.

여러 구절 중에 아래에 인용된 말씀이 인간의 제한된 지성을 증거해준다.

> "네가 하나님의 오묘함을 어찌 능히 측량하며 전능자를 어찌 능히 완전히 알겠느냐"
>
> 욥 11:7

그러나 이것은 하나님이 인간에게 주신 이성의 귀함을 무시하려는 것이 아니고 어떻게 드리는 예배가 과연 하나님이 기뻐하시는 예배인가에 초점을 맞추기 위한 것이다.

이번 주일 우리 교회 예배를 통해 정말 상한 심령들이 하나님의 거룩한 방문을 받고 치유되며, 나 자신만을 돌보던 삶에서 이웃을 돌아보기 시작하는 하나님의 명령을 순종하는 삶으로 변화되기를 기도합니다. 하나님을 사랑하는 만큼 이웃을 내 자신처럼 사랑하는 예배의 증거가 마구 들어나기를 바라고 특별히 한국에 계시던 부친상을 당해 마음이 어려우신 우리 찬양대 테너 파트의 구정모 집사님과 그 가정에 하나님의 아름다운 위로가 함께 하시기를 기도합니다.

26. 예배는 하나님의 임재를 보배(treasures)로 여기는 자들이 하나님께 드리는 것

"그 중의 한 율법사가 예수를 시험하여 묻되 / 선생님 율법 중에서 어느 계명이 크니이까 / 예수께서 이르시되 네 마음을 다하고 목숨을 다하고 뜻을 다하여 주 너의 하나님을 사랑하라 하셨으니 / 이것이 크고 첫째 되는 계명이요 / 둘째도 그와 같으니 네 이웃을 네 자신 같이 사랑하라 하셨으니"

마 22:35-39

예배는 하나님의 임재를 보배(treasures)로 여기는 자들이 하나님께 드리는 것이다. 한 사람이 한 아이에게 맛있는 과자를 주려고 하는데 아이는 맛있는 과자에만 온 신경을 집중하고 그저 그 어른의 손만 보고 있는 모습을 상상해보라. 이러한 경우처럼 만약에 우리가 누군가에게로부터 좋은 선물을 받을 때 우리의 관심이 선물을 주려는 그 사람보다 선물에만 있다면 그 관계는 성숙한 관계가 아닐 것이다. 왜냐면 선물보다 그것을 주려는 그 사람의 마음이 더 귀하고 고마운 것이기 때문이다.

우리에게 있는 여러 가지 필요들과 부족함으로 우리는 하나님 앞에 나아갈 때 항상 하나님의 손에 들린 그 어떤 것에 우리의 모든 관심과 초점을 맞추기 쉽다. 물론 하나님은 우리의 모든 필요를 채우실 수 있는 분이다. 그러나 우리가 항상 그 분의 손만 바라본다면 그것은 예배라기보다는 자기가 받을 구호물품의 순서를 기다리는 심정과 다름이 없을 것이다.

예배는 하나님의 얼굴을 바라는 것이요, 또한 하나님 한 분만을 원하는 마음을 가득 채워 주님께 드리는 것이다. 그리고 하나님 자신을 원하는 사람들의 마음 위에 내려지는 하나님의 귀한 응답이다. 그런 예배에 주님은 노래하시고 춤을 추신다.

그래햄 켄드릭이라는 교수가 쓴 아름다운 찬양이다.

Knowing You

All I once held dear built my life upon
All this world reveres, and wars to own
All I once thought gain I have counted loss
Spent and worthless now, compared to this
나의 만족과 유익을 위해 가지려 했던
세상 일들 이젠 모두 다 해로 여기고
주님을 위해 다 버리네
(Chorus)
Knowing you, Jesus knowing you

There is no greater thing

You're my all you're the best

You're my joy, my righteousness

And I love you, Lord

내 안에 가장 귀한 것

주님을 앎이라

모든 것 되시며 의와 기쁨 되신 주

사랑합니다

Now my heart's desire is to know you more

To be found in you, and known as yours

To possess by faith what I could not earn

All surpassing gift of righteousness

지금 나의 소원은 주님을 더 앎이라

내가 주님 안에서 누구인지와

내가 주님의 것임을 내가 얻을 수 없던

주님의 놀라운 의의 선물을 믿음으로 받는 것

Oh to know the power of your risen life

And to know you in your suffering

To become like you in your death my Lord

So with You to live

And never die

부활의 능력 체험하면서

주의 고난에 동참하고

　　주의 죽으심 본을 받아서

　　그의 생명에 참예하네

이런 아름다운 고백이 주님께 드려지고 주님의 응답이 귀한 은혜로 우리가운데 임하시기를 간절히 소원하며….

27. 우리에게 이런 예배를 주옵소서

"웃시야 왕의 죽던 해에 내가 본즉 주께서 높이 들린 보좌에 앉으셨는데 그 옷자락은 성전에 가득하였고 / 스랍들이 모시고 섰는데 각기 여섯 날개가 있어 그 둘로는 자기의 얼굴을 가리었고 그 둘로는 자기의 발을 가리었고 그 둘로는 날며 / 서로 불러 이르되 거룩하다 거룩하다 거룩하다 만군의 여호와여 그의 영광이 온 땅에 충만하도다 하더라 / 이 같이 화답하는 자의 소리로 말미암아 문지방의 터가 요동하며 성전에 연기가 충만한지라"

사 6:1-4

영국 성공회 주교가 가르치는 예배 컨퍼런스에 참석한 적이 있다. 성공회는 교회당을 지을 때 성도들이 천국에 온 느낌이 들도록 교회 내부의 장식에 많은 신경을 쓴다고 한다. 이사야 6장은 천사의 예배를 보여준다. 천사들이 하나님의 영광 앞에 찬화하는 예배의 광경을 보여준다. 올바르게 예배함이란 무엇인가? 바로 '거룩'이라는 단어를 올바르게 쓰는 것을 말한다.

하나님의 거룩함은 하나님 보좌의 기초가 된다. 마찬가지로 우리의 거룩함과 의가 되시는 예수님의 이름을 우리가 예배 중에 높여드리는 이유가 바로 예수 그리스도께서 우리 예배의 기초가 되시기 때문이며 그것이 바로 먼저 그 나라와 의를 구하는 우리의 순종과 행함인 것이다. 모든 이름 위에 가장 뛰어난 예수님의 우월성(Supremacy, Finality)을 선포하는 예배가 바로 하나님이 원하시고 기뻐하시는 예배이다.

하나님과의 관계가 회복될 때 우리 눈에 드디어 온 땅에 충만한 하나님의 영광이 보이기 시작한다. 온 땅에 충만한 하나님의 영광이라는 말의 뜻은 "모든 일에 하나님의 영광이 깃들어있다"라는 것이다. 무슨 일을 당하든지 그 안에서 하나님의 영광을 바라보기 시작하며 감사가 나오고 찬양의 기적적인 역사가 일어나며 범사에 감사하는 기적이 우리 삶에서 일어나기 시작한다.

> "그 때에 내가 말하되 화로다 나여 망하게 되었도다 나는 입술이 부정한 사람이요 입술이 부정한 백성 중에 거주하면서 만군의 여호와이신 왕을 뵈었음이로다 하였더라 / 때에 그 스랍 중의 하나가 부젓가락으로 제단에서 집은 바 핀 숯을 손에 가지고 내게로 날아와서 / 그것을 내 입술에 대며 이르되 보라 이것이 네 입에 닿았으니 네 악이 제하여졌고 네 죄가 사하여졌느니라 하더라"
>
> 사 6:5-7

이사야는 선지자였다. 그는 하나님의 나팔과 같은 선지자이었으며 여전히 하나님을 온 맘 다해 찾으며 순종하던 자임에도 불구하고 하나님의 강력한 임재와 영광을 보았을 때 회개하기 시작한다. 그의 입술이 부정한 것을 깨닫고 고백하자 주님의 천사, 타는 불과 같은 천사 스랍이 이사야에게 다가간다.

오늘 우리 예배 가운데 성도들의 영안이 열리면서 하나님의 영광을 보기를 간절히 소원한다. 그리고 그 결과로 우리 교회 모든 성도들이 하나님 앞에 정결케 되기를 간절히 소원하는 역사가 있기를 기도한다. 천사들이 우리가 외치는 간절한 소원과 원함 때문에 움직이느라 바쁜 하루가 되기를 소원해 본다.

내게 있어서 정결케 되어야 하는 부분은 어디인가? 우리가 우리 마음이 부정함을 인정하며 하나님께 나아간다면 주님은 우리의 마음에 임하사 정결케 하시고 불을 댕겨주실 것 이다.

> "내가 또 주의 목소리를 들으니 주께서 이르시되 내가 누구를 보내며 누가 우리를 위하여 갈꼬 그 때에 내가 이르되 내가 여기 있나이다 나를 보내소서 하였더니 / 여호와께서 이르시되 가서 이 백성에게 이르기를 너희가 듣기는 들어도 깨닫지 못할 것이요 보기는 보아도 알지 못하리라 하여 / 이 백성의 마음을 둔하게 하며 그들의 귀가 막히고 그들의 눈이 감기게 하라 염려하건대 그들이 눈으로 보고 귀로 듣고 마음으로 깨닫고 다시 돌아와 고침을 받을까 하노라"
>
> 사 6:8-10

하나님이 우리의 예배 가운데 임하사 우리의 영안을 열어주실 뿐 아니라 정결케 하시기를 원합니다. 또한 우리를 부르사 하나님의 마음을 가지고 우리의 삶 가운데로 그리고 하나님께서 보내시는 곳으로 나아가게 되는 역사가 나타나는 예배가 되기를 소원합니다. 아멘!

28. 주님이 가르치신 기도

"예수께서 한 곳에서 기도하시고 마치시매 제자 중 하나가 여짜오되 주여 요한이 자기 제자들에게 기도를 가르친 것과 같이 우리에게도 가르쳐 주옵소서 / 예수께서 이르시되 너희는 기도할 때에 이렇게 하라 아버지여 이름이 거룩히 여김을 받으시오며 나라가 임하옵시며 / 우리에게 날마다 일용할 양식을 주시옵고 / 우리가 우리에게 죄 지은 모든 사람을 용서하오니 우리 죄도 사하여 주시옵고 우리를 시험에 들게 하지 마옵소서 하라"

눅 11:1-4

이번 한 주도 벌써 지나가고 주일이 다가온다. 너무나 많은 일주일의 시간을 우리의 필요와 우리의 일로 보낸 듯한 느낌이 들 때가 많다. 그래서 주님은 당신의 몸된 교회에 예배를 주셨다. 우리의 유익을 위해, 더 자세히 말하자면 우리의 행복을 위해 말이다.

"이스라엘아 네 하나님 여호와께서 네게 요구하시는 것이 무엇이냐 곧 네 하나님 여호와를 경외하여 그의 모든 도를 행하고 그를 사랑하며 마음을 다하고 뜻을 다하여 네 하나님 여호와를 섬기고 / 내가 오늘 네 행복을 위하여 네게 명하는 여호와의 명령과 규례를 지킬 것이 아니냐"

신 10:12-13

위에서 인용된 말씀, 즉 주님이 가르치신 기도를 보면 하나님의 마음이 비춰진다.

- 우리의 아버지 되시기를 기뻐하시는 하나님이요
 (하나님의 자리 찾아드리기)
- 하나님의 거룩함이 우리 삶 가운데 거하기를 기뻐하시는 하나님이요
 (하나님 닮기)
- 하나님이 다스리시는 나라를 간절히 소원하는 자들을 기뻐하시는 하나님이요(내 나라 찾기)
- 날마다 우리의 필요에 대해 듣기를 기뻐하시는 하나님이요
 (인간의 제자리 찾기)
- 다른 사람들에 대한 용서하는 마음을 기뻐하시는 하나님이요
 (인생을 축복하기)
- 죄와 시험이 가까운 관계라는 것을 알기 원하시는 하나님이시다
 (인생 지키기)

찬양대와 오케스트라가 계속해서 함께 주일 아침마다 이 땅에 속한 욕심들을 내려놓고 하늘의 좋은 것으로 채워주시기를 간절히 원하는 기도가 있기를 바란다. 그래서 우리 주일 예배가 그저 세련되고 멋있는 예배

가 아니고 하나님을 이 세상 그 무엇보다도 가장 사랑하게 되는 예배, 이 땅을 향한 하나님의 마음이 부어지는 예배, 또한 성령님 외에 우리를 묶고 있는 어둠의 권세들과 이 세상의 정욕적인 것들과 미혹의 영이 쫓겨나는 예배, 그로 말미암아 우리의 영혼이 새로워지고 다시금 하나님의 사람으로 재파송되는 예배를 꿈꾸고 기도한다.

29. 좋은 찬양대는 위대한 찬양대의 적이다
위대한 찬양대로의 전진 1

"묵시가 없으면 백성이 방자히 행하거니와 율법을 지키는 자는 복이 있느니라"

잠 29:18

어느 목사님의 설교를 듣던 중에 "좋은 교회는 위대한 교회의 적"이라는 문구를 듣고 문득 "좋은 찬양대는 위대한 찬양대의 적"이라는 생각을 해봤습니다. 물론 좋은 찬양대가 되는 것만도 쉽지 않겠지만 위대한 찬양대를 꿈꾸기란 더 어려운 일일 것입니다.

웬만한 찬양대 안에는 적어도 10년 이상 찬양대를 섬긴 분들이 많이 있습니다. 그런 분들 중에 "권태"를 느끼는 분들이 있을 수 있습니다. 찬양대원 뿐 아니라 찬양대 지휘자도 "권태"라는 단어가 언급되기 시작하면 가슴이 둥둥 뛰기 시작합니다. 그래서 지휘자들 사이에는 보통 3년 정도가 한 교회에서 섬기는 기간이라고 서로 말하곤 합니다. 왜냐면 보통 3년 정도하면 자기 레퍼토리(곡목)의 본전이 다 떨어진다라는 생각에서 그랬던 것 같습니다.

저는 나성한인교회에서 10년을 섬겼고 그 다음에 남가주 사랑의 교회에서 올해로 10년차로 접어듭니다. 그런데 희한한 것은 권태라는 생각이 들지 않습니다(혼자만 그런 착각 속에 사는지 모르겠지만). 10년으로 접어들면서도 여전히 감사하고 지휘를 하려고 본당의 지휘단에 설 시간이 다가오면 또 다시 기도합니다. 설레는 마음보다는 하나님을 의지하고픈 마음의 발로입니다.

찬양대원들으로서 이런 기억이 있을 수 있습니다. 찬양대에 처음으로 설 때 즈음에 느낀 그런 마음입니다. 일정 기간의 훈련기간을 마치고 정식 찬양대원으로 악보와 가운을 받고 흥분되던 기억과 설레임, 한번 꼭 불러보고 싶던 어려운 곡을 접하면서의 기대감, 교회 밖의 찬양제의 무대에 처음으로 섰을 때의 그 감격 등등. 그러나 어느새 우리 안에 답답하게 찾아오는 마음들이 있을 수 있습니다.

이제 올해 마지막 분기의 사역을 맞으며 다시금 우리 모두가 함께 생각하며 기도하고 싶은 것들을 나눕니다. 위의 인용 성경구절을 영어로 보면 다음과 같습니다.

"Where there is no vision, the people perish; but he that keepeth the law, happy is he.
비전이 없는 백성은 멸명할 것이다; 그러나 주의 율법을 지키는 백성은 행복할 것이다."

자 이제 2부 찬양대를 위시해서 우리교회의 모든 찬양대가 함께 위대한 찬양대로의 꿈을 함께 꾸었으면 합니다. 위대한 찬양대로의 시작은 기도로 함께 꿈을 꾸는 것 입니다. 좋은 찬양대 정도가 아니라 위대한 찬양대로 가는 것을 말입니다. 둘째는 그 시작과 더불어 이제 더 이상 섬김을 받던 찬양대원의 모습에서 위대한 찬양대를 만들기 위해 내가 해야 할 부분은 무엇인가 하는 거룩한 고민을 시작해야 합니다. 셋째로 우리의 찬양 가운데 거하시는 주님은 거룩하신 하나님이시라고 고백해야 합니다.

> "이스라엘의 찬송 중에 계시는 주여 주는 거룩하시니이다
> But Thou art holy, O Thou that inhabitest the praises of Israel"
>
> 시 22:3

각 찬양대가 맡은 예배 가운데 각각의 찬양대가 찬양할 때마다 하나님의 거룩이 나타나는 놀라운 역사를 기대해 봅니다. 하나님의 거룩하심이 나타나면 우리의 죄를 깨닫게 됩니다. 그리고 회개 그 뒤를 따르고 회개하는 영혼의 삶에 주님의 능력이 나타나고 변화가 따라옵니다. 할렐루야.

자 이제 다시 한번 우리 마음을 가다듬고 각 찬양대원들이 위대한 찬양대로의 꿈을 꾸며 다른 사람들이 할일을 생각하기보다 내가 해야할 일을 구체적으로 기도하며 우리의 찬양에 하나님의 임재가 강력하게 나타나기를 기도하십니다.

30. 위대한 하나님을 올바로 예배하는 찬양대
위대한 찬양대로의 전진 2

"여호와께서 말라기를 통하여 이스라엘에게 말씀하신 경고라 / 여호와께서 이르시되 내가 너희를 사랑하였노라 하나 너희는 이르기를 주께서 어떻게 우리를 사랑하셨나이까 하는도다 나 여호와가 말하노라 에서는 야곱의 형이 아니냐 그러나 내가 야곱을 사랑하였고 / 에서는 미워하였으며 그의 산들을 황폐하게 하였고 그의 산업을 광야의 이리들에게 넘겼느니라 / 에돔은 말하기를 우리가 무너뜨림을 당하였으나 황폐된 곳을 다시 쌓으리라 하거니와 나 만군의 여호와는 이르노라 그들은 쌓을지라도 나는 헐리라 사람들이 그들을 일컬어 악한 지역이라 할 것이요 여호와의 영영한 진노를 받은 백성이라 할 것이며 / 너희는 눈으로 보고 이르기를 여호와께서는 이스라엘 지역 밖에서도 크시다 하리라 / 내 이름을 멸시하는 제사장들아 나 만군의 여호와가 너희에게 이르기를 아들은 그 아비를, 종은 그 주인을 공경하나니 내가 아비일진대 나를 공경함이 어디 있느냐 내가 주인일진대 나를 두려워함이 어디 있느냐 하나 너희는 이르기를 우리가 어떻게 주의 이름을 멸시하였나이까 하는도다 /

너희가 더러운 떡을 나의 단에 드리고도 말하기를 우리가 어떻게 주를 더럽게 하였나이까 하는도다 이는 너희가 여호와의 식탁은 경멸히 여길 것이라 말하기 때문이라 / 만군의 여호와가 이르노라 너희가 눈 먼 희생제물을 바치는 것이 어찌 악하지 아니하며 저는 것, 병든 것을 드리는 것이 어찌 악하지 아니하냐 이제 그것을 너희 총독에게 드려 보라 그가 너를 기뻐하겠으며 너를 받아 주겠느냐 / 만군의 여호와가 이르노라 너희는 나 하나님께 은혜를 구하면서 우리를 불쌍히 여기소서 하여 보라 너희가 이같이 행하였으니 내가 너희 중 하나인들 받겠느냐 / 만군의 여호와가 이르노라 너희가 내 제단 위에 헛되이 불사르지 못하게 하기 위하여 너희 중에 성전 문을 닫을 자가 있었으면 좋겠도다 내가 너희를 기뻐하지 아니하며 너희 손으로 드리는 것을 받지도 아니하리라"

말 1:1-10

신앙 생활을 오래하다가 보면 어느새 주일날 드리는 예배가 하나의 형식으로 변하고 더 이상 우리의 영혼 안에 기쁨이 없고 뭔가 지루하다는 생각과 함께 영적인 권태가 찾아올 수 있습니다.

또 찬양을 많이 하는 교회에서 섬길때 예배 안에서 하나님을 찬양하는 우리의 모습 속에 마치 하나님을 너무나 잘 알고(세련되게 손을 올리기도 하고, 일어서기도 하고, 유창한 기도도 하고, 거기다가 어떤 때는 영어로도 노래 하기도 하고) 하나님과 우리의 관계가 항상 동행하는 그런 관계인 것처럼 보이는데 실제적인 삶에서 우리가 막상 어려움이 찾아오고 무엇인가를 결정해야 할 때 그렇게 가까워 보이던 하나님과의 관계 속에서 우리는 난감한 표정을 짓곤 합니다.

말라기 1장에 보면 제사에 필요한 모든 순서들이 다 있는데 여전히 "중심이 담기지 않은 예배"와 그에 대한 하나님의 엄위하신 심판의 말씀이 나옵니다. 열정이 사라진 예배에 대해 하나님의 마음이 이스라엘 백성에게 들려집니다. 그러나 희한한 것은 하나님이 그들을 향해 어루만지시며 부드럽게 말씀하시지 않고 정신이 바짝 들 정도로 강하게 말씀하십니다.

"여호와께서 말라기를 통하여 이스라엘에게 말씀하신 경고라 / 여호와께서 이르시되 내가 너희를 사랑하였노라 하나 너희는 이르기를 주께서 어떻게 우리를 사랑하셨나이까 하는도다 나 여호와가 말하노라 에서는 야곱의 형이 아니냐 그러나 내가 야곱을 사랑하였고 / 에서는 미워하였으며 그의 산들을 황폐하게 하였고 그의 산업을 광야의 시랑에게 붙였느니라"

즉 그 누구도 도전할 수 없는 창조주 하나님의 주권으로 우리를 택하신 그 놀라운 사랑을 잊었냐고 물으십니다. 그 사랑은 우리가 다른 사람들보다 더 착해서도 아니요, 더 뛰어나서도 아니고, 그렇다고 우리가 스스로 먼저 하나님을 찾아서도 아니요, 오직 하나님의 주권으로 우리를 택하신 놀랍고 위대한 사랑을 기억하고 그 사랑으로 돌아가라는 것입니다.

그리고 예배를 드리는 제사장들에 대한 하나님의 엄위하신 심판이 나옵니다. 저는 이 말씀을 읽으면서 가슴이 떨렸습니다. 그리고 이 말씀을 가지고 하나님 앞에서 기다리며 "하나님 저의 삶 가운데서 바로 이런 부분이 무엇인지 알려주옵소서"라고 기도했습니다.

찬양대원 여러분, 예수님을 통해 하나님의 구원을 경험한 우리 모두는

다 선택함을 받은 왕같은 제사장들이라고 베드로전서 2장 9절에서 말씀하셨습니다.

> "그러나 너희는 택하신 족속이요 왕 같은 제사장들이요 거룩한 나라요 그의 소유가된 백성이니 이는 너희를 어두운 데서 불러내어 그의 기이한 빛에 들어가게 하신 이의 아름다운 덕을 선포하게 하려 하심이라"
>
> 벧전 2:9

 그러기에 이 말씀은 목사님들만을 향한 말씀이 아니고 우리 모두를 향한 말씀입니다. 그러나 주님은 말라기서에서 이렇게 경고하십니다. 모든 교회로 하여금 진정한 예배를 회복하라는 것입니다. 찬양대가 먼저 위대한 예배를 회복해야 하는데 진정한 예배를 회복하는 길은 바로 내가 절대로 받을 수 없던 그 크신 하나님의 사랑을 기억하고 그 사랑으로 나의 심령을 가득 채우며 그 사랑을 주신 하나님께 전심으로 예배하고 이 세상 그 누구보다도 사랑하는 분으로 모셔 들이는 삶을 회복하는 것입니다. 아래 말씀을 천천히 잘 읽어보세요.

> "내 이름을 멸시하는 제사장들아 나 만군의 여호와가 너희에게 이르기를 아들은 그 아비를, 좋은 그 주인을 공경하나니 내가 아비일진대 나를 공경함이 어디 있느냐 내가 주인일진대 나를 두려워함이 어디 있느냐 하나 너희는 이르기를 우리가 어떻게 주의 이름을 멸시하였나이까 하는도다 / 너희가 더러운 떡을 나의 단에 드리고도 말하기를 우리가 어떻게 주를 더럽게 하였나이까 하는도다 이는

너희가 여호와의 식탁은 경멸히 여길 것이라 말하기 때문이라 / 만
군의 여호와가 이르노라 너희가 눈 먼 희생제물을 바치는 것이 어찌
악하지 아니하며 저는 것, 병든 것을 드리는 것이 어찌 악하지 아니
하냐 이제 그것을 너희 총독에게 드려 보라 그가 너를 기뻐하겠으며
너를 가납하겠느냐 / 만군의 여호와가 이르노라 너희는 나 하나님께
은혜를 구하면서 우리를 불쌍히 여기소서 하여 보라 너희가 이같이
행하였으니 내가 너희 중 하나인들 받겠느냐 / 만군의 여호와가 이
르노라 너희가 내 제단 위에 헛되이 불사르지 못하게 하기 위하여
너희 중에 성전 문을 닫을 자가 있었으면 좋겠도다 내가 너희를 기
뻐하지 아니하며 너희 손으로 드리는 것을 받지도 아니하리라"

제사장으로 부르심을 받은 자들이 하나님 앞에 예배를 드리기는 하는데 "쓰다가 남은 것들, 병든 짐승들, 그리고 그 제사를 드리면서 뭐 이렇게 번폐스러운 일을 자꾸 하라고 하는 것이야?" 라는 생각으로 드렸다는 것입니다. 이 말씀을 읽으면서 하나님이 여러분에게 기억나게 하는 부분들이 있다면 회개하십시다. 그리고 위대한 찬양대로 가는 길에 우리가 반드시 확인해야 할 부분이 바로 우리의 예배입니다. 남은 것으로 드리는 예배, 준비되지 않은 것을 즉흥적으로 드리는 예배, 두려워함이 없는 예배, 아버지 하나님을 향해 공경함이 없는 예배, 혹은 기도로 준비하지 않은 나의 헌신은 바로 하나님을 위대한 왕으로 모심이 아니요, 열방 중에 두려워하는 하나님으로 예배함이 아닙니다.

"여호와의 식탁은 더러워졌고 그 위에 있는 과일 곧 먹을 것은 경 멸히 여길 것이라 하여 내 이름을 더럽히는도다 / 만군의 여호와가

이르노라 너희가 또 말하기를 이 일이 얼마나 번거로운고 하며 코
웃음치고 훔친 물건과 저는 것, 병든 것을 가져왔느니라 너희가 이
같이 봉헌물을 가져오니 내가 그것을 너희 손에서 받겠느냐 이는
여호와의 말이니라 / 짐승 떼 가운데 수컷이 있거늘 그 서원하는 일
에 흠 있는 것으로 속여 내게 드리는 자는 저주를 받으리니 나는 큰
임금이요 내 이름은 이방 민족 중에서 두려워하는 것이 됨이니라
만군의 여호와의 말이니라"

말 1:12-14

Careless worship(중심이 담기지 않은 예배)의 가장 주요한 이유는 우리 안에 그 누구도 도전할 수 없는 창조주 하나님이 택하신 그 위대한 사랑의 감격이 사라지고 엄위하신 아버지 하나님에 대한 존경함이 사라진 것입니다.

오 하나님, 우리 안에 어느 덧 나태함과 불경함으로 세워진 중심 없는 예배를 용서하시고 다시 한번 우리를 일으키시고 각성케 하사 하나님이 감동받으시는 위대한 예배가 되도록 우리교회를 긍휼히 여기소서. 찬양대가 먼저 각성케 하시고 예배드리는 우리의 심령 가운데 그 누구도 도전할 수 없는 창조주 하나님이 택하신 그 위대한 사랑의 감격이 사라지고 엄위하신 아버지 하나님에 대한 존경함이 회복되게 하소서. 예수님의 이름으로 기도합니다. 아멘.

31. 하나님의 능력을 계속적으로 경험하는 찬양대
위대한 찬양대로의 전진 3

"사울이 다윗에게 이르되 네가 가서 저 블레셋 사람과 싸울 수 없으리니 너는 소년이요 그는 어려서부터 용사임이니라 / 다윗이 사울에게 말하되 주의 종이 아버지의 양을 지킬 때에 사자나 곰이 와서 양 떼에서 새끼를 물어가면 / 내가 따라가서 그것을 치고 그 입에서 새끼를 건져내었고 그것이 일어나 나를 해하고자 하면 내가 그 수염을 잡고 그것을 쳐죽였나이다 / 주의 종이 사자와 곰도 쳤은 즉 살아 계시는 하나님의 군대를 모욕한 이 할례 받지 않은 블레셋 사람이리이까 그가 그 짐승의 하나와 같이 되리이다 / 또 다윗이 이르되 여호와께서 나를 사자의 발톱과 곰의 발톱에서 건져내셨은즉 나를 이 블레셋 사람의 손에서도 건져 내시리이다"

삼상 17:33-37

위대한 찬양대로의 전진이 계속되고 있는데 오늘은 "하나님의 능력을 계속적으로 경험하는 찬양대" 라는 제목으로 나누기 원합니다.

우리 이민자들의 구성원은 아이들의 교육 문제로 이민오신 분, 혹은 한번 이민자의 삶을 통해 멋지게 살아보겠다는 꿈을 가지고 오신 분, 혹은 공부를 하러 왔다가 머물게 된 분, 어떤 분들은 지사 상사로 나오신 분 등등 여러 부류의 사람들이 이민 사회를 이루고 살아갑니다.

어떠한 이유로 이민자의 삶 가운데 오셨던 간에 하나님의 섭리로 우리는 같은 교회에서 찬양대로 섬기고 있습니다. 오늘 이 말씀을 통해 하나님께서 여러분을 강하게 붙드시는 역사가 있기를 바랍니다.

다윗은 이새의 여덟 아들 중에 가장 말째인 소년 다윗은 베들레헴에서 그 아비의 양을 치되 자기에게 맡겨진 작은 일에 신실하고 성실한 자이었습니다. 그러던 그에게 이스라엘과 블레셋 군대와의 싸움에 끼게 되는 이상한 일이 생깁니다. 아직 때가 되지 않은 어린 자라는 생각이 드는 그 때에 일어난 이 일은 다윗이 원해서 일어난 일이 아니고 다윗은 그저 아버지 이새의 심부름에 순종하다가 일어난 일이었습니다. 아무도 알아주지 않던 다윗, 외롭게 목동의 일을 감당하던 그가 갑자기 어느날 하나님의 강력한 도구로 서게 되는 일이 있게 된 것입니다.

우리들 중에 많은 분들은 스스로 생각하기를 "나는 아무도 알아주지 않는 자"라는 생각을 할수 있습니다. 하나님께 쓰임 받는 인생은 반드시 훈련의 기간이 있어야 합니다. 다윗이 바로 그러했습니다. 그는 알아주지도 않는 일, 또 거기다가 외로히 들판에서 목동의 일을 했습니다. 그런데 목동의 일을 하다가 곰과 사자의 공격을 받고 양때를 지키는 어려운 훈련을 했던 것입니다.

우리도 남들의 눈에 별로 띄지 않으면서 나름대로 맡은 일들을 묵묵히 수행하다가 어떤 때는 사단의 유혹과 인간 관계의 어려움 가운데 신음할 때도 있고 가족의 문제, 신분의 문제들로 인해 발버둥 칠 때도 있었습니다.

또 어떤 때는 남의 눈을 너무나 의식해서 "나의 일거수일투족을 다 다른 사람들이 어떻게 생각할까"라는 생각 속에 좌지우지 되는 때도 많이 있습니다.

위대한 찬양대원은 내가 어떤 가문에서 자랐든 상관없이, 어떤 학력에 상관없이, 내가 어떤 경제력이 있던 상관없이, 어떤 불행한 과거가 있었든지 상관없이 오직 우리를 부르신 하나님의 부르심에 순종하며 나갈 때 위대한 하나님의 능력을 경험하게 될 것입니다.

저는 저의 과거를 생각해보면 정말 절망 뿐이었습니다. 나라는 사람을 보면 볼수록 한심한 사람이라는 생각이 많았습니다. 그러나 나를 바라보면 소망이 없지만 나를 부르신 주님을 바라보면 항상 거기에 소망이 있었습니다. 나를 부르신 그 하나님 때문에만 말입니다.

다윗은 하나님이 허락하신 상황에 믿음으로 나갔을 때 그 누구도 겁나 감히 하지 못했던 골리앗을 쓰러뜨리는 역사를 경험합니다. 오늘도 우리로 위대한 삶을 살지 못하게 하려고 우리의 인생을 가로막고 서 있는 우리의 골리앗을 믿음으로 순종하여 넘어 뜨리는 위대한 찬양대가 되기를 간절히 소원합니다. 큰소리로 다음의 성경구절을 외치십시다.

"다윗이 블레셋 사람에게 이르되 너는 칼과 창과 단창으로 내게 나아 오거니와 나는 만군의 여호와의 이름 곧 네가 모욕하는 이스라엘 군대의 하나님의 이름으로 네게 나아가노라 / 오늘 여호와께서 너를 내 손에 넘기시리니 내가 너를 쳐서 네 목을 베고 블레셋 군대의 시체를 오늘 공중의 새와 땅의 들짐승에게 주어 온 땅으로 이스라엘에 하나님이 계신 줄 알게 하겠고 / 또 여호와의 구원하심이 칼과 창에 있지 아니함을 이 무리에게 알게 하리라 전쟁은 여호와께 속한 것인즉 그가 너희를 우리 손에 넘기시리라 / 블레셋 사람이 일어나 다윗에게로 마주 가까이 올 때에 다윗이 블레셋 사람을 향하여 빨리 달리며 / 손을 주머니에 넣어 돌을 가지고 물매로 던져 블레셋 사람의 이마를 치매 돌이 그의 이마에 박히니 땅에 엎드러지더라"

삼상 17:45-49

32. 같은 마음을 갖고 함께 길가기
위대한 찬양대로의 전진 4

"그러므로 그리스도 안에 무슨 권면이나 사랑의 무슨 위로나 성령의 무슨 교제나 긍휼이나 자비가 있거든 / 마음을 같이하여 같은 사랑을 가지고 뜻을 합하며 한마음을 품어 / 아무 일에든지 다툼이나 허영으로 하지 말고 오직 겸손한 마음으로 각각 자기보다 남을 낫게 여기고 / 각각 자기 일을 돌볼뿐더러 또한 각각 다른 사람들의 일을 돌보아 나의 기쁨을 충만하게 하라

If you have any encouragement from being united with Christ, if any comfort from his love, if any fellowship with the Spirit, if any tenderness and compassion, / then make my joy complete by being like-minded, having the same love, being one in spirit and purpose. / Do nothing out of selfish ambition or vain conceit, but in humility consider others better than yourselves. / Each of you should look not only to your own interests, but also to the interests of others."

빌 2:1-4

좋은 찬양대의 수준에서 우리가 다함께 위대한 찬양대로 전진하려면 한 사람의 힘으로 되지 않는다. 그러기에 빌 2장은 우리에게 조언하고있다.

"그리스도 안에 무슨 권면이나 사랑의 무슨 위로나 성령의 무슨 교제나 긍휼이나 자비가 있거든 / 마음을 같이하여 같은 사랑을 가지고 뜻을 합하며 한 마음을 품어"

하나님께서 리더쉽에 어떤 꿈을 주실 때 먼저 우리가 "마음을 같이하는 것"은 중요한 시작이다. 자기 자신만을 만족시키기 위한 참여보다는 공동체의 유익을 생각하는 배려이다. 교회 찬양대 안에 유학파 음악인들 혹은 음악 전공자들이 있을 수 있는데 이런 음악가들이 찬양대 안에서 일반 찬양대원들과 하나되어 가는 것은 참 어려울 수 있다.

음악 전공자들은 관객들 앞에서 연주해야 하는 특성상 아무래도 좋은 표현과 기량을 갖기 위해 혼자서 연습하다가 보면 자기 중심적이기 쉽고, 많은 경쟁 가운데서 성공해야 한다는 강박 관념에 잡히기 쉽다. 또 자기 스스로를 향한 객관적인 평가보다는 주관적인 평가에 사로 잡혀 공동체 안에 들어가지 못하고 자기만의 세계 안에서 살기도 한다. 그러나 우리 찬양대 안에서 섬기는 음악 전공자들이 공동체 안에서 마음을 같이하고 같은 사랑을 가지고 한 마음을 품는 것을 볼 때마다 참 감사하지 않을 수 없다. 올해 감사절에 우리에게 많은 감사의 제목들 중에 우리 한번 이런 시간을 가지면 어떨까? 전공자들에게 감사하는 마음을 표현하고 또 한 전공자들은 찬양대원들의 사랑을 귀하게 여기며 서로가 사랑함으로 나아간다면 더욱 위대한 찬양대로 발돋움할 수 있을 것이다.

3절에 '마음을 같이함'의 구체적인 뜻에 대해 부연 설명을 하고 있는데 "같은 사랑을 가짐이요, 또 같은 뜻을 합하는 것이며 한 마음을 품는 것"이라고 말씀하고 있다. 오늘도 스스로에게 물어보자. 내가 위대한 찬양대를 만들기 위해 할 수 있는 부분이 무엇인지 말이다. 찬양대에 구체적으로 섬길 수 있는 부분들은 많이 있다. 하루 일과 중에 사랑하는 찬양대를 위해 기도하는 일, 주일 아침과 주중 연습을 위해 찬양대실의 청소와 의자를 정리하고 일년에 단 몇 번이라도 주중 찬양대 식사를 위한 봉사를 돕는 것, 남자 대원의 경우 일년에 몇번이라도 식사 후 설거지를 돕는 일 등등일 것이다. 항상 봉사하는 사람만 하기보다는 작은 일이라고 생각되는 일을 우리 각 사람이 참여하기 시작할 때 또 한걸음, 위대한 찬양대에 다가설 것이다. 주님, 이런 은혜를 주옵소서!

33. 모든 관계가 찬양되는 찬양대
위대한 찬양대로의 전진 5

"너희 안에 이 마음을 품으라 곧 그리스도 예수의 마음이니 / 그는 근본 하나님의 본체시나 하나님과 동등됨을 취할 것으로 여기지 아니하시고 / 오히려 자기를 비워 종의 형체를 가지사 사람들과 같이 되셨고 / 사람의 모양으로 나타나사 자기를 낮추시고 죽기까지 복종하셨으니 곧 십자가에 죽으심이라 / 이러므로 하나님이 그를 지극히 높여 모든 이름 위에 뛰어난 이름을 주사 / 하늘에 있는 자들과 땅에 있는 자들과 땅 아래 있는 자들로 모든 무릎을 예수의 이름에 꿇게 하시고 / 모든 입으로 예수 그리스도를 주라 시인하여 하나님 아버지께 영광을 돌리게 하셨느니라"

빌 2:5-11

나 자신의 필요와 원함을 채우는 것이 나의 신앙 생활의 처음 몇 년이었다면 주님을 조금씩 더 알게 되면서 하나님이 원하시는 참된 신앙인의 모습은 열방(예루살렘, 사마리아, 땅끝까지)을 축복하기 위해 오히려 자기를 비우는 것임을 알았다. 가장 좋은 본은 바로 예수님의 삶에서 구체적으로 보여진다.

바로 나와 내 가족만을 위한 삶, 다른 말로 "나 중심의 세계"에서 "주님의 나라를 위한 "주님 중심의 세계관"으로 바뀌는 것이 예수 믿는 자의 증거이다. 그런데 그 길로 접어드는 비밀은 "자기를 비우는 것"이다.

신앙이 어릴 때에는 공동체 안에서 사랑 받는 것에만 관심을 둔다. 그러나 성도들 앞에서 인도하고 섬기는 사역을 감당하게 되면 항상 좋은 일만 생기는 것이 아니라는 것을 알게 되고 온실에서 자라던 연약한 난초와 같던 삶에서 이제는 서로 다른 생각과 철학으로 인해 이견을 보이며 충돌하는 어려움을 겪기도 한다. 그러나 이러한 어려움들을 통해 "다른 지체(사람)들의 의견과 다른 생각이 죄가 아니고 또다른 하나님의 나라를 위한 (내 생각과 다른) 창조적인 것"이라면 내 것을 내려 놓고 양보할줄 아는 것이 바로 "종된 마음"이라는 것을 깨닫게 된다.

찬양대 안에도 부부로 함께 섬기는 분들이 많이 있다. 그 부부의 관계도 마찬가지이다. 서로의 의견이 달라 부디칠 즈음에 주님께 묻는다면 주님은 빌립보서 2장을 보라고 하실 것이다. 바로 "종의 마음으로 채우는 것"을 말씀하시기 위해서 말이다.

오늘 이 주일 아침에 우리 모든 찬양대원들이 먼저는 삶의 전반에 걸쳐 우리를 비워 주님의 것으로 채우며 다른 지체들과의 관계 가운데서도 아름다운 하모니를 만들어 가는 위대한 찬양대가 되기를 소원한다.

34. 늘 새로운 은혜 가운데 거하는 길은 여전히 지하실에서 올라오는 시궁창 냄새를 맡고 있는 인생

위대한 찬양대로의 전진 6

"예수께서 대답하여 이르시되 사람이 나를 사랑하면 내 말을 지키리니 내 아버지께서 그를 사랑하실 것이요 우리가 그에게 가서 거처를 그와 함께 하리라

Jesus replied, All who love me will do what I say. My Father will love them, and we will come and make our home with each of them."

요 14:23

하나님을 향한 우리의 초심이 변하지 않아야 한다는 말을 많이 듣는다. 주님이 우리 안에 임재하시는 그 순간에 우리의 모든 행동과 생각이 주님의 것으로 변화된다면 얼마나 좋을까라고 생각을 해본 적도 있지만

가만히 묵상해 보면 그렇게 하지시 않으시는 주님의 사랑은 정말 인격적이다. 왜냐면 주님은 우리의 인격을 존중하시는 분이기 때문에 예수 믿는 우리가 마치 프로그래밍 된 로보트처럼 움직이는 그런 자가 되는 것을 원치 않으시는 것이다. 주님은 우리에게 "자유 의지"라는 것을 주시고 우리 삶 가운데 어려움과 유혹 가운데서도 우리가 하나님의 것을 선택하도록 훈련시키신다.

『나니아 연대기』를 비롯한 여러 서적을 집필하여 많은 지성인들로 하나님을 믿도록 한 C. S. Lewis는 우리 안에 두 가지의 방이 있는데 하나는 지하실, 또 다른 방은 다락방이라고 부른다. 지하실은 우리의 원래의 모습과 죄성이 다스리는 방(육에 속한 것)이라면 다락방은 우리가 예수님을 영접할 때 우리 안에 새롭게 창조되어져서 하나님의 생명에 속한 것들이 들어 있는 곳으로 우리에게 더 친숙한 지하실(나의 죄성)보다 "더 나 다운 자신"을 발견하게 될 곳이다.

우리의 삶은 이 두 가지 방에서 흘러 나오는 것들 중에 어느 하나를 선택하여 이 세상과 우리가 영위하고 있는 모든 관계 가운데로 흘려 보낸다. 그래서 때로는 하나님의 생명에 속한 것이 내 안에서 흘러나가기도 하지만 대부분의 경우, 여전히 지하실에서 올라오는 시궁창 냄새가 자기 것인줄 알고 그것을 다른 사람들에게 흘려보내는 것이다.

"내가 이르노니 너희는 성령을 따라 행하라 그리하면 육체의 욕심을 이루지 아니하리라 / 육체의 소욕은 성령을 거스르고 성령은 육체를 거스르나니 이 둘이 서로 대적함으로 너희가 원하는 것을

하지 못하게 하려 함이니라

So I say, let the Holy Spirit guide your lives. Then you won't be doing what your sinful nature craves. / The sinful nature wants to do evil, which is just the opposite of what the Spirit wants. And the Spirit gives us desires that are the opposite of what the sinful nature desires. These two forces are constantly fighting each other, so you are not free to carry out your good intentions."

갈 5:16-17

우리 안에는 계속적인 싸움이 있는데 바로 지하실에서 올라오는 것과 다락방에서 내려오는 것들과의 싸움이다. 찬양은 무엇인가? 유명한 찬양곡을 음악적으로 잘 연주하는 것이 찬양일까? 그것은 한 부분에 불과하며 우선적인 것이 아니다. 진정한 찬양은 바로 성령의 인도하심 가운데 있는 인생이 여전히 시궁창 냄새가 진동하는 나의 육을 절감하며 다락방에서 나오는 것만 따라 순종하겠다고 결단하고 나를 산 제사로 드리는 것이다. 할렐루야!

목사인 나도 하루 하루 주어지는 여러가지 상황속에서 계속되는 이 두 세계의 전쟁을 경험한다. 너무나 자주 나 자신 만을 생각하고, 나의 만족을 위해 찬양하고, 나의 만족을 위해 일하고, 나의 만족을 위해 예배하려고 하는 육적인 생각과 또 다른 소욕 즉 주님을 생각하고, 주님께 기쁨이 되기 원해 찬양하고, 주님께 영광이 되기 위해 일하고, 주님께 만족을 드리기위해 예배하는 생각 사이에서 계속적인 선택을 해야하는 것이다.

내가 성령님의 인도하심 가운데 있지 않으면 아무리 교회를 오래 다녔어도 혹은 제자 훈련을 받았어도 육적인 삶의 모습 속에 거하여 많은 관계들 가운데 덕이 되지 않고 시궁창 냄새를 피우는 자가 되는 것이다. 나는 이런 훈련 가운데 있다. 여전히 시궁창 냄새를 맡을 뿐 아니라 그것이 내것인양 그대로 흘려보낼 때도 있다. 그러나 그때마다 이런 삶에는 충만한 기쁨이 없고 오히려 슬픔과 고난과 아픔이 있다는 것을 절감하며 다시금 회개하고 돌이키는 것이다.

"너희가 만일 성령의 인도하시는 바가 되면 율법 아래에 있지 아니하리라 / 육체의 일은 분명하니 곧 음행과 더러운 것과 호색과 / 우상 숭배와 주술과 원수 맺는 것과 분쟁과 시기와 분냄과 당 짓는 것과 분열함과 이단과 / 투기와 술 취함과 방탕함과 또 그와 같은 것들이라 전에 너희에게 경계한것 같이 경계하노니 이런 일을 하는 자들은 하나님의 나라를 유업으로 받지 못할 것이요 / 오직 성령의 열매는 사랑과 희락과 화평과 오래 참음과 자비와 양선과 충성과 / 온유와 절제니 이같은 것을 금지할 법이 없느니라 / 그리스도 예수의 사람들은 육체와 함께 그 정욕과 욕심을 십자가에 못 박았느니라 / 만일 우리가 성령으로 살면 또한 성령으로 행할지니 / 헛된 영광을 구하여 서로 노엽게 하거나 서로 투기하지 말지니라

When you follow the desires of your sinful nature, the results are very clear: sexual immorality, impurity, lustful pleasures, / idolatry, sorcery, hostility, quarreling, jealousy, outbursts of anger, selfish ambition, dissension, division, / envy, drunkenness, wild parties, and other sins like these. Let me tell you again, as I have before, that anyone living that sort of life will not inherit the Kingdom of God."

갈 5:18-26

주님, 우리 찬양대를 긍휼히 여기사 우리 인생 가운데 여전히 피어 오르는 시궁창 냄새로 인해 성령님의 인도하심 가운데 거하는 것이 유일한 해결이요, 축복임을 절감하게 하사 항상 우리 입술에 주를 향한 그리고 주로 인한 기쁨의 찬양이 충만하게 하옵소서. 예수님의 이름으로 기도합니다. 아멘.

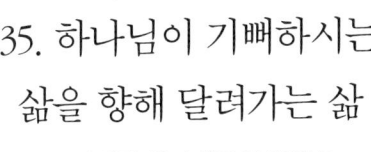

35. 하나님이 기뻐하시는 삶을 향해 달려가는 삶
위대한 찬양대로의 전진 7

"그러므로 형제들아 내가 하나님의 모든 자비하심으로 너희를 권하노니 너희 몸을 하나님이 기뻐하시는 거룩한 산 제물로 드리라 이는 너희가 드릴 영적 예배니라 / 너희는 이 세대를 본받지 말고 오직 마음을 새롭게 함으로 변화를 받아 하나님의 선하시고 기뻐하시고 온전하신 뜻이 무엇인지 분별하도록 하라

Therefore, I urge you, brothers, in view of God's mercy, to offer your bodies as living sacrifices, holy and pleasing to God?this is your spiritual act of worship. / Do not conform any longer to the pattern of this world, but be transformed by the renewing of your mind. Then you will be able to test and approve what God's will is ? his good, pleasing and perfect will."

롬 12:1-2

찬양대원 중에 교회에서 하는 사역의 방향이나 꿈에 대해서는 별 관심이 없고 그저 음악이 좋아서 혹은 지도자가 좋아서 또는 찬양대원들이 좋아서 그냥 대원으로 섬기는 경우가 종종 있습니다.

또 찬양대원 중에는 주일 날만 찬양하는 모습을 갖는 것이 아니고 주중에도 무엇이든 "하나님이 기뻐하시는 것"에 더 관심을 갖고 그것을 순종하기 위해 삶을 올려드리는 대원이 있는가 하면 "그저 죄만 안지으면 된다"라는 생각으로 "소극적인 신앙의 자세"로 살아가는 대원들도 있을 수 있습니다. 모르긴 해도 아마 두 그룹간의 찬양의 태도도 엄청 다를 것이며 삶의 나타나는 결과와 열매도 다를 것입니다.

오늘은 "하나님이 기뻐하시는 삶의 모습"에 대해 함께 기도하기를 바랍니다. 많은 예가 있을 수 있으나 나는 오늘도 이런 묵상을 해 보았습니다.

일반적으로 우리가 말의 능력에 대해 대화할 때 주로 우리는 긍정적인 말 혹은 고백의 결과보다는 부정적인 고백과 언어의 결과에 대해 더 많이 관심을 갖고 이야기하는 경향을 보게 됩니다. 아마도 그 이유는 긍정적인 열매보다는 부정적인 열매의 모습이 훨씬 더 강력하기 때문일 것입니다.

나는 요사이 새로운 결단을 하고 내 입에서 나가는 말들에 대해 파수꾼을 세워 달라고 기도하는 마음으로 대화를 합니다. 우리가 우리의 연약함과 허물 가운데서도 믿음의 말과 고백을 자꾸하면 우리 삶에 하나님의 나라가 더 강력하게 임합니다. 우리의 고백대로 하나님은 들으시고 역사하시는 것입니다.

어떤 사람은 하나님의 선지자로 쓰임받으면서 그가 말한대로 이뤄지는 사람의 삶이 있는가 하면 어떤 이는 계속 불평하고 부정적인 말만 하다가 인생이 끝나는 사람이 있습니다. 저는 누구를 생각하면서 하는 말이 아닙니다. 정말 성경을 읽으면 너무나 다른 삶의 모습을 보여주는 "말의 고백"을 보게 되기 때문입니다. 아래의 말씀을 보면 하나님이 하늘에 창을 내신 들 그런 일이 있겠는가라고 말하던 군대장관이 정말 하나님의 역사가 나타난 뒤에 사람들에게 밟혀죽는 어처구니 없는 일이 일어나는 것입니다.

> "백성들이 나가서 아람 사람의 진을 노략한지라 이에 고운 밀가루 한 스아에 한 세겔이 되고 보리 두 스아에 한 세겔이 되니 여호와의 말씀과 같이 되었고 / 왕이 그의 손에 의지하였던 그의 장관을 세워 성문을 지키게 하였더니 백성이 성문에서 그를 밟으매 하나님의 사람의 말대로 죽었으니 곧 왕이 내려왔을 때에 그가 말한대로라"
>
> 왕하 7:16-17

하나님이 우리의 고백을 들으시기에 우리가 결단하고 믿음의 고백만을 하겠다고 살다가도 우리는 여전히 실수와 부정적인 말들이 입에서 나가는 것을 경험합니다. 그때 "그럼 그렇지 내가 별수있나?" 라고 고백하고 또 주저앉는 자가 되면 안되고 곧 예수님의 보혈을 의지하고 죄를 씻음 받고 기도한 후에 돌이키는 훈련을 해야 합니다. 그렇습니다. 한 순간도 주님이 없이 살 수 없는 우리들입니다.

더 이상 방어하는 신앙에만 신앙의 총력을 기울이는 "소극적인 삶"이 아니라 주를 의지하여 적군의 담을 뛰어넘는 자가 되고 싶습니다.

"주께서 나의 등불을 켜심이여 여호와 내 하나님이 내 흑암을 밝히시리이다 / 내가 주를 의뢰하고 적군을 향해 달리며 내 하나님을 의지 하고 담을 뛰어넘나이다"

시 18:28-29

또한 주일날 예배 가운데 각 파트가 자기들의 음정을 자신있게 그리고 보다 적극적으로 노래하고 화음을 맞추듯이 우리의 삶 가운데 우리가 누구를 만나든지 더 이상 불신자 혹은 부정적인 생각으로 가득찬 사람들이 부정적인 내용으로 나에게 부정적인 영향을 주도록 내버려 두는 것이 아니고 오히려 믿음의 말과 격려가 가득찬 말로 대화를 이끌어 가는 그런 적극적인 믿음의 삶을 살고 싶습니다.

"여호와여 내가 주를 불렀사오니 속히 내게 오시옵소서 내가 주께 부르짖을 때에 내 음성에 귀를 기울이소서 / 나의 기도가 주의 앞에 분향함과 같이 되며 나의 손 드는 것이 저녁 제사 같이 되게 하소서 / 여호와여 내 입에 파수꾼을 세우시고 내 입술의 문을 지키소서"

시 141:1-3

위대한 찬양대로 가는 길은 쉽지 않지만 가치가 있고 영광스러운 길이고, 나에게 변화를 주고 나의 인생에 새로운 활력소를 줄 것입니다. 아멘? 자 그럼 또 하나의 위대한 찬양대의 특징을 붙잡고 함께 기도하십시다. 할렐루야!

찬양대를 위한 예배 메시지

초판 발행 2010년 2월 5일
초판 2쇄 발행 2012년 7월 12일

지은이 | 조성환
펴낸이 | 김재선
펴낸곳 | 예솔
디자인 | 최성경 김신애
편 집 | 정혜정
출판등록 | 제2-125호(1993.4.3)
주 소 | 서울시 마포구 성산동 242-19 신지빌딩 5층
전 화 | (02)3142-1663, (02)335-1662
팩 스 | (02)335-1643
홈페이지 | www.yesolpress.com
이메일 | yesol1@chol.com

ISBN 978-89-5916-277-2 (03230)
Copyright ⓒ 2010, Yesol pubilishing

값 6,500원

* 잘못된 책은 구입하신 서점에서 바꾸어 드립니다.